Das Katharinen – Kloster auf der Sinai – Halbinsel

VERLEGER: Katharinen-Kloster, Sinai

TEXT: Athanasios Paliuras, Universitätsprofessor
BILDLEGENDEN: Erzbischof Damianos von Sinai
Verantwortlich für die Ausgabe: S.B. Tzaferis
KÜNSTLERISCHE GESTALTUNG: Chrysi Daskalopoulou
FOTOGRAFIEN: Nikolaos Tzaferis und Mönche des Sinai-Klosters
FOTOSATZ: Dimis Karras.
FARBCLICHÉS: IRIDA
ÜBERSETZUNG: Martin Kreeb
DRUCK: E. TZAFERIS S.A.

Umschlagseite: Vorne: Ansicht des Sinai-Klosters
Hinten: Gesticktes Kreuz Abb. 79.

PUBLISHED by St. CATHERINE'S MONASTERY AT SINAI - E. TZAFERI S.A.

PRINTED IN GREECE by E. TZAFERI A.E.,
Leoforos Lavriou 78, GR-153 44
Glyka Nera Attikis, Greece
Tel. 6659632 - Telex 222453 TZAF GR
First Printing 1985: 10,000 copies
in Greek - Arabic - English - French - German - Italian

ISBN 960-429-003-7

VORWORT

Das heilige Sinai-Kloster bietet den frommen Besuchern mit Freude und Genugtuung einen ausführlichen Führer zu ihrer besseren Information und Unterrichtung in Bezug auf die heiligen Pilgerstätten des Berges Sinai dar.

In dieser Luxusausgabe spricht nicht so sehr der Text als vielmehr die Fotografien, von den Heiligen Stätten, den uralten Gebäuden und besonders den zahlreichen heiligen Ikonen und anderen Schätzen des Klosters.

Zur Überwindung vieler Schwierigkeiten technischer und anderer Art haben, außer den Mönchen des Klosters, viele weitere Helfer beigetragen.

So schulden wir wärmsten Dank vor allem den Herren Solon und Nikolaos Tzaferis, die bei ihren häufigen Besuchen des Klosters von Griechenland aus keine Mühen und Ausgaben scheuten, um auf diese Weise eine einwandfreie Präsentation des vorliegenden Bandes zu erreichen (den sie im übrigen betreuten und herausgaben). Ebenfalls danken wir wärmstens dem Byzantinisten Professor Athanasios Paliouras von der Universität Ioannina, der sich liebenswürdigerweise bereit erklärte, den Begleittext des Buches zu verfassen.

Wenn das Durchblättern und die Lektüre des hier präsentierten Bandes, über das optische Vergnügen hinaus, auch einen geistigen Gewinn und seelischen Frieden in Gott für den ermüdeten Wanderer im heutigen, von so vielen Erschütterungen bestimmten Leben bedeutet, so hat sich, wie wir glauben, der eigentliche Zweck der vorliegenden Ausgabe erfüllt, und daher wird unsere Dankbarkeit unserer Beschützerin, der Heiligen Katharina, und unserem Herrn Jesus Christus gegenüber noch tiefer und ewigwährend sein.

Mit Segenswünschen (im Namen des Heiligen Sinai-Klosters)
+ Damianos, Erzbischof von Sinai

«Unsere Wüste», der Sinai.

Historische Skizze

Das Dreieck zwischen der Wüste von Pharan, dem Golf von Suez und dem Golf von Akkaba bildet ein öder Landstrich mit Granitgestein und schroffen Abhängen, die, auf den ersten Blick unzugänglich und unwirtlich, von der steil am Himmel stehenden Sonne tagsüber aufgeheizt werden und in der Kälte der stillen Nächte nun schon seit Jahrhunderten ruhen.

Im Küstenstreifen der beiden Buchten, mit seinen kleinen Städten und Dörfern, entfaltet sich das Wirken des Menschen. Doch im steinübersäten und unzugänglichen Inneren der bergigen und wasserlosen Halbinsel des Sinai finden sich nur wenige nomadisierende Beduinen. Denn ganz selten sind die kleinen Senken, wie die Oase Pharan, in denen ein wenig Wasser vorkommt und etwas fruchtbare Erde, und die mit ihrem stark eingeschränkten Anbau von Nutzpflanzen, vor allem Datteln, das Überleben der in der Wüste umherziehenden Beduinen, ihrer Familien und Tiere sichern.

Auf der unwegsamen Halbinsel beeindrucken die bekannten Bergmassive, der Berg Sinai (Höhe 2.244 m), der Umm Shomar, der Berg der Heiligen Katharina (2.652 m) sowie der Berg der Heiligen Episteme.

Der Durchzug der Kinder Israel

Mitten durch dieses Wüstengebiet führte Moses die Kinder Israel auf dem Weg in das Gelobte Land zurück: vom Roten Meer nach Palästina. Er mußte für sein Volk die Versorgung mit Wasser und Nahrungsmitteln sicherstellen und die feindlich

---

* Dodekaorton = Die zwölf großen dogmatischen Feste Mariae Verkündigung, Christi Geburt, die Darstellung im Tempel, die Taufe, die Auferweckung des Lazarus, die Verklärung, der Einzug in Jerusalem, die Kreuzigung, die Höllenfahrt, die Auferstehung, die Pfingstfeier, der Tod der Muttergottes. Dargestellt häufig in den kleinen Bildfeldern der oberen Zone der Ikonenwand (Ikonostas), die den Kirchenraum vom Allerheiligsten (Altarraum) trennt.

gesinnten Amalekiter abwehren, ein altes Nomadenvolk in Arabien, die ihn fortwährend angriffen. Die Persönlichkeit des Moses und die wunderbaren Eingriffe und die Fürsorge Gottes (mit den Wachteln und dem Manna) erhielt die Kinder Israel vierzig Jahre lang in dieser gebirgigen und wilden Wüste am Leben.

An diesem einsamen Ort, auf dem Gipfel des Sinai, der den Rand des Himmels berührt, trafen sich Gott und der Mensch wieder: *Aber der Herr stieg hinab auf den Berg Sinai, oben auf seinen Gipfel, und rief Moses zu sich..* (2. Moses 19, 20).. *und er gab Moses.. steinerne Tafeln, die waren mit dem Finger Gottes beschrieben* (2. Moses 31, 18).

Vor diesem Augenblick, der so bedeutend war für die Menschheit und die Geschichte der Menschheit, war der Engel Gottes mit Moses zusammengetroffen: *Und der Engel des Herrn erschien ihm in einer feurigen Flamme aus dem Busch, und er sah, daß der Busch in Flammen stand, aber doch vom Feuer nicht verzehrt wurde.. Und der Herr selbst sprach zu ihm aus dem Busch mit den Worten: Mose, Mose.. zieh deine Schuhe aus; denn der Ort, wo du stehst, ist heiliges Land, und er sprach: Ich bin der Gott deines Vaters, der Gott Abrahams und der Gott Isaaks und der Gott Jakobs* (2. Moses 3, 2-6).

So wurde die wasserlose und unfruchtbare Wüste der Sinai-Halbinsel ein geweihter Ort, heilig für die ganze Menschheit, und, wie der griechische Historiker Amantos bemerkt, *es gibt keinen so ärmlichen und in der Welt der Antike derart unbedeutenden Ort, der so heilig und ruhmreich wurde, wie die Sinai-Halbinsel in Arabien.*

Das mönchische Leben

Schon früh entwickelte sich in der Gegend das Mönchswesen. Christliche Eremiten begannen sich auf der Sinai-Halbinsel seit der Mitte des 3. Jhs. anzusiedeln, aber nach der Ankunft des Heiligen Antonius («des Großen») zu Beginn des 4. Jhs. ließen sich auf den Ausläufern des Sinai und der anderen Berge, vor allem des Serbal, Einsiedler nieder, die sich der strengen geistigen und körperlichen Askese hingaben.

Das Leben und die Askese der Mönche im 4. und 5. Jh. waren unglaublichen Schwierigkeiten ausgesetzt, die noch vergrößert wurden durch die Verfolgungen der Einsiedler durch arabische Beduinen, bei denen letztere *ihren Göttern Kamele opferten, aber wenn sie christliche Mönche antrafen, töteten sie auch diese.*

Der Mönch Ammonius der Ägypter schrieb einen «Logos über die auf dem Berge Sinai und in Raitho getöteten Heiligen Mönche», den der Mönch Agapios Landos von Kreta in die griechische Volkssprache übertrug und ihn in seine Schriftenreihe «Neos Paradeisos» aufnahm. Gleichzeitig verfasste ein anderer großer Schriftsteller und Asket des 5. Jhs., der Heilige Neilos von Sinai, «Schilderungen der Ermordung der Mönche auf dem Berg Sinai und der Gefangenschaft seines Sohnes

Theodoulos», die jüngst der Theologe Athanasios Kottadakes unter dem Titel «Klage um Theodoulos» in die Volkssprache übertrug.

Das Märtyrertum und der gewaltsame Tod der Heiligen Väter des Sinai und des Klosters Raitho (heute El Tor) unter Kaiser Diokletian durch die (afrikanischen Stämme der) Agarener und Blemmyer stellten nun keinerlei Hindernis für die Weiterentwicklung des Mönchtums in der Wüste des Sinai dar, sondern unaufhaltsam zogen neue Einsiedler auf die südliche Halbinsel, und der Ruf vieler von ihnen begann sich in Ost und West zu verbreiten.

Auf diese Weise bildeten sich schon recht bald kleine mönchische Gemeinschaften, vor allem rund um den Berg Horeb, den Ort des brennenden Dornbuschs und in Pharan. Die Einsiedler lebten in Höhlen, steinernen, selbsterrichteten Zellen und in Hütten, mit der Verpflichtung des Schweigens, des täglichen Gebets und des heiligen Lebens.

Es ist überliefert, daß die Heilige Helena 330 n.Chr. auf die Bitte der Mönche von Sinai am Ort des brennenden Dornbuschs eine kleine Kirche errichten ließ, der Mutter Gottes geweiht, und eine starke Festung, die den Asketen als Zufluchtsstätte vor den unaufhörlichen Angriffen der halbwilden heidnischen Nomaden der Wüste dienen sollte.

Vom 4. Jh. an begann der Süden der Sinai-Halbinsel zum Wallfahrtsort zu werden und viele Wallfahrer selbst aus entfernten Ländern anzuziehen. Eine Handschrift, die 1884 entdeckt wurde, unterrichtet uns über die Reise der vornehmen Aitheria aus Spanien zum Sinai, die die Mönche mit einem Gefolge von Klerikern um 400 n.Chr. besuchte. Aitheria fand damals eine kleine Kirche auf dem Gipfel des Sinai, eine andere auf dem Horeb und eine weitere am Ort des Dornbuschs. In der Nähe der letzten befand sich auch ein schöner Garten mit viel Wasser.

Die Reise der Aitheria beleuchtet vor allem die Entwicklung des Mönchtums in der Wüste Sinai. Diese Entwicklung und die große Zahl der Mönche führten dazu, daß um die Mitte des 5. Jhs. ein Bischof von Pharan erwähnt wird, der nach und nach seine Stelle und seinen Titel an den Bischof von Sinai abtrat. Häufig treten die Mönche vom Sinai für die Festigung des orthodoxen Glaubens ein und sind Vorkämpfer in den Auseinandersetzungen zwischen der Kirche und den Häretikern.

Als das Mönchtum auf der Sinai-Halbinsel an Umfang zunahm und die steinige und unfruchtbare Wüste Gestalten von hoher moralischer Bedeutung hervorbrachte, erscheint der Kaiser Iustinian, der, wie es scheint, einer Bitte der Sinaiten entspricht und eine großartige Kirche errichtet, die er mit einer starken Festungsmauer umgibt, so daß die Mönche vor eventuellen Angriffen der Agarener geschützt sind.

Prokopios von Kaisareia, ein Historiker des 6. Jhs., teilt in seinem Werk «Über die Bauten» wertvolle Einzelheiten über die Kirche und die «ungeheuer mächtige Festung» mit.

Nun wird eine neue, ruhmvolle Seite im Buch der Geschichte des Sinai aufgeschlagen.

Die Festung Iustinians

Sie wurde aus rechteckig zugehauenen Steinen aus hartem Granit erbaut. Die vier Seiten sind nicht gleich lang (die West- und Ostseite je 75 m, die Nord- 88 m und die Südseite 80 m). Die Höhe der Mauern ist ebenfalls nicht einheitlich. Sie beginnt mit 8 Metern auf der Südseite und erreicht 25 Meter im Norden. Die Dicke der Granitmauer mißt zwischen zwei und drei Metern, entsprechend den statischen Voraussetzungen für die Anlage von Türmen, Krypten und ähnlichem. Die Südmauer ist am besten erhalten. Sie ist dem Berg Sinai zugewandt und an ihrer Außenseite mit Kreuzen und groben Reliefs aus byzantinischer Zeit versehen. Den meisten

Zerstörungen war die Nordmauer ausgesetzt gewesen, die im Lauf der Jahrhunderte vielfach renoviert wurde, selbst vom Heer Napoleons im Jahre 1801.

An der Westseite befindet sich der ursprüngliche Eingang mit einem Balkon und einer Gießöffnung zur Verteidigung. Heute ist er geschlossen. Stattdessen wird ein zweiter, ebenfalls alter Eingang benutzt, der jeden Abend mit drei Eisentüren verschlossen wird.

In der Festung wurden entlang den Mauern die Zellen und andere Gebäude angelegt. Um die Hanglage mit starkem Gefälle auszugleichen, verwendete man mächtige Bogen- und Gewölbekonstruktionen, auf denen der Boden der Zellen und der übrigen Bauten ruht.

Zur selben Zeit wurde aus behauenen Granitblöcken die Kirche erbaut. Es handelt sich um eine dreischiffige Basilika mit Vorhalle («Narthex»), ihre Länge beträgt 40 m und die Breite 19.20 m. Eingeschlossen sind auch die Kapellen hinter der Apsis, die Kapelle des brennenden Dornbuschs und, zu ihren beiden Seiten, des Heiligen Jakobus und der Heiligen Kirchenväter des Sinai. Das Hauptschiff mißt innen 25 m in der Länge und 12 in der Breite. Die drei Schiffe sind durch eine Säulenstellung mit je sechs monolithen (aus einem Block gehauenen) Granitsäulen voneinander getrennt, die jeweils verschiedene Kapitelle mit Kreuzen, Lämmern, Pflanzen und Früchten tragen. Die Säulen sind heute mit Stucküberzug versehen, und die schöne farbliche Wirkung des Granit ist daher nicht wahrzunehmen.

Den hölzernen Dachstuhl des Hauptschiffs versah im 18. Jh. Erzbischof Kyrillos der Kreter mit einer hölzernen Zwischendecke. Diese wurde blau gestrichen und mit einer Menge goldener Sterne geschmückt. In den Seitenmauern öffnen sich in zwei Reihen je acht Doppel-Rundbogen- und sieben rechteckige Fenster. Der Altarbereich befindet sich auf höherem Niveau als der Fußboden der drei Längsschiffe und wird von ihnen durch eine Zwischenwand (das «Templon») getrennt, die im unteren Teil aus Marmor besteht, im oberen mit hölzernem Schnitzwerk versehen ist, das bis zur Decke reicht. Dieses Werk wurde zu Anfang des 17. Jhs. von Mönchen der sinaitischen Besitzung auf Kreta unter dem Erzbischof Laurentios (im Jahre 1612) geschaffen.

Wunderschön sind die mit Schnitzereien geschmückten Türen der Basilika aus Zedernholz vom Libanon, die ursprünglich im 6. Jh. entstanden. Die Türen des Narthex wurden von den Kreuzfahrern im 11. Jh. gestaltet.

Die Kirche ist mit wertvollen und seltenen Ikonen aus verschiedener Zeit geschmückt.

Inschriften

Durch die bis heute erhaltenen Inschriften, die Iustinian und Theodora erwähnen, wird deutlich, daß Mauer und Kirche im Jahre 557 n.Chr., nach dem Tod der Kaiserin, erbaut wurden. Dieses Datum stützt auch die Tatsache, daß Kosmas Indikopleustes, der vor 548 auf der Halbinsel lebte, kein Kloster auf dem Sinai erwähnt, sondern nur in der Oase Pharan. Die Inschriften, jüngeren oder älteren Datums, befinden sich auf den Dachbalken, der Türe der Kirche und dem Türsturz des äußeren Tors derselben. Durch diese Inschriften erfahren wir schließlich, daß der Architekt von Festung und Kirche Stephanos Ailisios (aus Aila, dem heutigen Eilat) hieß.

Sinai und Islam

Im 7. Jh. erlebte das Sinai-Kloster große Gefahren und eine schwere Krise vor allem aufgrund der arabischen Eroberung. Trotz der ausgesprochen wenigen Nachrichten, die uns aus dieser Zeit überliefert sind, ist das Zeugnis von Bedeutung, das sich auf das Jahr 808 bezieht, in dem die Zahl der Mönche auf dreißig eingeschränkt war, während gleichzeitig das religiöse Leben auf der Sinai-Halbinsel – wo doch früher Tausende von Gläubigen lebten – fast nicht mehr existierte. Trotzdem überstanden die iustinianische Festung, die Kirche, wertvolle Zimelien und seltene Ikonen und Handschriften diese von Erschütterungen geprägte Zeit. Was geschah aber, daß das Sinaikloster inmitten dieses generellen Aufruhrs in Syrien und Ägypten seinen heiligen Wandel fortsetzte? Gemäß der direkten, aber auch der indirekten Überlieferung ersuchten die Mönche des Klosters Mohammed um Schutz für die Sinaiten sowie für die Christen und Juden der nahegelegenen Städte Aila und Raitho. Mohammed entsprach diesen Bitten gerne und erließ den sogenannten «Achtinamés», mit dem er seine Anhänger anwies, die Mönche des Sinai zu beschützen, und sie gleichzeitig vor Gefahren und Katastrophen bewahrte. Dieser Erlaß war für die Forschung des 20. Jhs. problematisch, denn neben den Anhängern der Theorie von seiner Authentizität gab es auch Gelehrte, vor allem spezielle Islamisten, die seine Entstehung nach 900 n.Chr. für wahrscheinlich halten. Wie jedoch der Historiker Amantos richtig schrieb, *konnte sich das Sinaikloster ohne die Unterstützung Mohammeds und seiner Nachfolger nicht halten... Außerdem ist die große Zahl von Schutzbestimmungen, die den Sinaiten später von den islamischen Herrschern Ägyptens zugestanden wurden, sicher darauf zurückzuführen, daß auch Mohammed selbst den Sinai beschirmt hatte.*

Es ist überliefert, daß Sultan Selim I. nach der Eroberung Ägyptens und des Sinai 1517 den «Achtinamés», den Erlaß Mohammeds, sah, ihn mit sich nahm und den sinaitischen Mönchen nur eine Kopie hinterließ. Abschriften des Erlasses sind bis heute in der Pinakothek des Klosters erhalten.

Die Mönche setzten ihren historischen Marsch fort, indem sie größtes Gewicht legten auf das geistige Leben in Askese und die traditionelle byzantinische Wohltätigkeit. Sie gaben den armen Beduinen Lebensmittel, Stoffe und Geld, die ihrerseits beständig auf mannigfache Art für die Bedürfnisse des Klosters Sorge trugen. Oft transportierten sie mit ihren Kamelen Lebensmittel von Raitho, Gaza oder Suez ins Kloster.

Der Sinai und der Westen

Mit dem 11. Jahrhundert beginnt für die sinaitischen Mönche eine neue Periode. Die Überführung von Reliquien der Heiligen Katharina nach Frankreich sowie der Aufenthalt von Kreuzfahrern auf dem Sinai (1099-1270) läßt das Interesse des europäischen Christentums für die Sicherheit, die Unabhängigkeit und den Schutz der Ländereien im Besitz des Klosters in Ägypten, Palästina, Syrien, Kreta, Zypern und Konstantinopel stark zunehmen.

Während der Herrschaft der *Franken* in Syrien gründeten die Kreuzritter einen eigenen «Orden vom Sinai» mit der Aufgabe, das Kloster zu schützen und sein Einkommen zu vermehren. Aus dieser Zeit stammen die hölzerne Eingangstür zum Narthex, der Vorhalle des Kirchengebäudes, und die verschiedenen lateinischen Inschriften im alten Refektorium. Doch in denselben Jahren existierte eine mohammedanische Wachtruppe im Kloster, und deshalb mußten die sinaitischen Mönche ein subtiles Gleichgewicht zwischen den Christen des Westens und den Mohammedanern halten.

Die *Päpste* beschützten mit verschiedenen Bullen und Erlässen von Zeit zu Zeit die Rechte des Klosters. Papst Honorius III. im Jahre 1217, Gregorius X. (1271-1276), Johannes XXII. (1316-1334), Benedictus XII. 1338 und Innocentius VI. 1360 erwiesen alle dem Kloster auf verschiedene Art ihr Wohlwollen und traten für die Erhaltung der Privilegien des Sinai auf Kreta, Zypern und in anderen Gegenden ein.

Die *Dogen* von Venedig bestimmen gleichzeitig mit offiziellen Schreiben ihrerseits die Haltung der Herzöge von Kreta gegenüber den sinaitischen Besitzungen auf der Insel, sprechen Recht zugunsten des Sinai und erlassen den Mönchen verschiedene Steuern, ja sie erlauben hin und wieder Sammlungen zum Zweck der wirtschaftlichen Unterstützung des Sinai.

Die europäischen Christen und vor allem die Venezianer zeigen Achtung vor den christlichen Schiffen, die dem Kloster gehören und unter der Flagge der Heiligen Katharina die Meere befahren.

Die Beziehungen zwischen dem Sinai und Byzanz: Sinai «unser Stolz»

Obwohl das Sinaikloster in mohammedanischem Gebiet lag, waren doch sein Kontakt und seine Verbindungen zu Konstantinopel stark und häufig. Erwähnt werden

Beschlüsse und Taten vieler Kaiser, mit denen sie wirtschaftliche Hilfe leisten oder Ehrfurcht für dasjenige Kloster empfehlen, das «die Arche der orthodoxen Überlieferung» ist. Manuel Komnenos, Michael Palaiologos, aber auch Patriarchen des ökumenischen Throns von Konstantinopel zeigten lebhaftes Interesse für die Ereignisse und die Probleme des altehrwürdigen christlichen Klosters. Außerdem beleuchtet auch der häufige Kontakt zwischen Sinai und dem Kaiserreich durch wichtige Persönlichkeiten wie Georgios Arselas aus der Wüste Arsela, Johannes Sinaites, den Verfasser der «Himmelsleiter», und Gregorios Sinaites die Verbindung der beiden Zentren der Orthodoxie durch eine Art geistiger Brücke. Im übrigen legt die künstlerische Zusammenarbeit unter Mithilfe bekannter Maler, der wissenschaftliche Austausch in Bezug auf Kalligraphen und Schreiber von Kodices sowie die unaufhörliche Korrespondenz der sinaitischen Mönche mit Persönlichkeiten in Byzanz ein lebendiges Zeugnis von den engen Verbindungen zwischen Sinai und dem byzantinischen Kaiserreich ab. Die Meinung und die Haltung der Byzantiner gegenüber dem Kloster und seinem Ruf drückt treffend Gennadios, der Patriarch von Konstantinopel (1454) aus in seinem Brief *an den Allerehrwürdigsten unter den Mönchen, Herrn Maximos, mit dem weltlichen Namen Sophianos, und an alle seligen Väter und Mönche, die in Askese im Heiligen Sinai-Kloster leben.* Darin nennt er den Sinai «unseren Stolz», und dieser Ausdruck zeigt die große Wertschätzung der orthodoxen Kirche für das älteste christliche Kloster der Welt und die Ehrfurcht vor ihm.

Der Sinai und die Osmanischen Türken

Türkische Sultane, vor allem Selim und Suleiman der Prächtige, erließen von Zeit zu Zeit Vorzugsbestimmungen, die dem Sinai halfen, große wirtschaftliche Macht zu erlangen und die ihn von Steuern und Abgaben befreiten. Die türkischen Sultane traten gegen die Forderungen der mächtigen Juden, das Gebiet besetzen zu dürfen, zugunsten des Sinaiklosters ein. Zur selben Zeit unterstützen christliche Könige in Europa und mächtige Herrscher den Sinai wirtschaftlich und senden reiche Gaben in das Kloster.

Im 16. und 17. Jahrhundert wurde auf Kreta die Hochschule des sinaitischen Zweigklosters der Heiligen Katharina von Heraklion berühmt, wo einige der bekannten Gestalten der Epoche ausgebildet wurden.

Der Sinai und Napoleon

Als Napoleon 1798 Ägypten eroberte, stellte er auf Bitten der Sinaiten das Kloster und seine Umgebung unter seinen persönlichen Schutz. Mit dem «Schutzbrief», der in der Pinakothek des Klosters aufbewahrt wird, anerkannte und bekräftigte er ältere wirtschaftliche Konzessionen und festigte die Unabhängigkeit des Sinai-Klosters und der Umgebung. Außerdem bestätigte er die Vermögenstitel des Sinai in Kairo und gestand den Sinaiten Befugnisse zur wirksameren Abwehr der

Araber zu, die das Kloster in hohem Grad belästigten und häufig Plünderungen und Willkürakte durchführten.

DIE IKONEN: Kunstschätze aus fünfzehn Jahrhunderten

Das Kloster der Heiligen Katharina auf dem Sinai beherbergt eine der bedeutendsten Bildergalerien der Welt. Über 2000 kleine und große Ikonen, teils von einzigartigem küstlerischem Wert, teils von einfacher Volkskunst, schmücken die Kirche, die Pinakothek, die Kapellen, die Schatzkammer, die Zellen und die übrigen Räume des Klosters. Die Ikonen enstanden im langen Zeitraum vom 6. bis zum 19. Jahrhundert. Jede Epoche (die frühchristliche, die byzantinische, die postbyzantinische) fügte ihre eigenen Schätze hinzu, und so wurde nach und nach die große Ikonen-Sammlung mit neuen Werken bereichert.

Ikonen in Wachsschmelz- («enkaustischer») Technik

Den größten geschichtlichen und künstlerischen Wert haben die in Wachsschmelztechnik hergestellten Ikonen (der Fachausdruck für die Herstellungstechnik lautet «Enkaustik»). Die Grundlage für die enkaustische Technik ist die Mischung von Wachs und pflanzlichen Farben unter großer Hitze. Die Mischung wird gleich anschließend auf den hölzernen Untergund des Bildes aufgetragen. Der Künstler zeichnet das Thema zunächst auf dem Holz (seltener auf Marmor) vor. Darauf trägt er die heiße, flüssige Mischung aus Wachs und Farben mit dem Pinsel oder einem erhitzten, metallenen Spatel auf die vorbereitete Oberfläche auf. Mit einem speziellen Werkzeug reibt er vorsichtig die Farben. Die Mischung hat die Eigenschaft, tief in die Poren des Holzes einzudringen, und die Farben werden daher nach Erkalten sehr beständig.

Die Enkaustik war seit dem Altertum bekannt und bis zum 7. Jahrhundert in Verwendung, wonach sie von der Tempera-Malerei abgelöst wurde. Enkaustisch gemalt sind die herrlichen Porträts Verstorbener, die sich in großer Zahl im Fayûm in Mittelägypten fanden (2.-4.Jh. n.Chr.). Im Sinai-Kloster sind heute Ikonen in Wachsschmelz-Technik erhalten, von denen die wichtigsten die folgenden acht sind:

1. ***Der Heilige Petrus*** (0.52 × 0.39 m) mit weitgeöffneten, großen Augen, kurzen krausen Haaren, einem kurzen, weißen, welligen Bart, hält in der Linken ein Kreuz und in der Rechten drei Schlüssel. Die Ausführung des Gesichts folgt der Tradition der alexandrinischen Kunst der enkaustischen Porträts des Fayûm. Sein

Kopf ist von einem großen goldenen Strahlenkranz umgeben. Im oberen Bereich der Ikone sind drei kleine Medaillons angebracht. Auf dem mittleren ist Christus abgebildet und auf dem linken die Muttergottes. Problematisch ist für die Forschung die Identifizierung der dritten, bartlosen, jugendlichen Gestalt. Soteriou gab zwei Erklärungen, indem er in dem Jüngling einmal Moses und einmal den Evangelisten Johannes erkannte. Weitzmann ist der Meinung, daß es sich in jedem Fall um den Evangelisten Johannes handeln muß, da er die Entsprechung zur Muttergottes zur Rechten des gekreuzigten Christus zu bilden scheint. Außerdem kann die Auswahl der Gestalten auf den drei Medaillons als Darstellung der Kreuzigung angesprochen und mit der offensichtlichen Bedeutung verbunden werden, die das Kreuz in der Hand des Heiligen Petrus hat, das auf nichts anderes hinweist als auf seinen Tod am Kreuz.

Soteriou verband die Ikone des Heiligen Petrus mit den drei Medaillons mit den Konsulardiptychen (Kaiser - Kaiserin - Konsuln = Christus - Petrus und Johannes) und datierte sie ins 6. Jahrhundert, ohne das 5. Jahrhundert auszuschließen. Weitzmann glaubt dagegen, daß diese wunderbare Ikone des Heiligen Petrus, mit dem kummervollen, zugleich ernsten und zurückhaltenden Gesichtsausdruck, in einer Werkstatt Konstantinopels gegen Ende des 6. oder zu Beginn des 7. Jahrhunderts entstand.

2. ***Thronende Muttergottes zwischen Heiligen und Engeln*** (0.70 × 0.49 m). Dieses Meisterwerk ist in zwei Stücke zerbrochen, die ungeschickt mit Draht wieder zusammengefügt wurden. Dargestellt ist die Muttergottes, thronend, mit Christus auf ihren Knien, zwischen Soldatenheiligen, dem bärtigen Theodoros dem Feldherrn zu ihrer Rechten und dem bartlosen Georgios zu ihrer Linken. Die beiden Heiligen stehen aufrecht, ohne Bewegung, neben ihr. Die Komposition runden zwei Erzengel ab, die im Hintergrund dargestellt sind, wie sie voll Staunen, mit weitgeöffneten Augen, die Hand Gottes anblicken, die vom Himmel herabweist, von dem sich auch ein Strahlenbündel zum Haupt der Muttergottes hin ergießt. Die Muttergottes, in etwas größerem Maßstab als die übrigen Personen, ist frontal dargestellt, auf einem roten Kissen auf ihrem Perlenthron sitzend, bekleidet mit dem tiefblauen Mantel und mit Purpurschuhen, die auf einem goldenen, mit Perlen verzierten Fußschemel ruhen. Das rosaweiße Antlitz der Muttergottes mit dem unermesslichen Licht und den grünen Schattenzonen, den kräftigen Zügen und den großen, ungleich gebildeten Augen mit dem lebendigen Blick, zeigt einen ausgesprochenen Realismus. Eindrucksvoll ist die lässige und freie Art, in der das Christuskind auf den Knien der Muttergottes sitzt. Den glänzenden oberen Abschluß der Komposition bilden die beiden Erzengel mit den Strahlenkränzen, ihrer vollkommenen Gleichheit und der klassischen Wiedergabe ihrer Gestalt.

Generell ist an der Ikone der hieratische Charakter der Kunst mit dem tiefen theologischen Inhalt zu beobachten. Sie symbolisiert das Geheimnis der Menschwerdung Christi und des Ruhms der Muttergottes. Nur so können wir die Anspannung im Ausdruck der Personen, die ernsten Gesichtszüge der Heiligen, die rechts und links der Aureole, des Lichtkranzes mit der Muttergottes, stehen, die überraschte Hingabe im Antlitz der Engel deuten, die das Geheimnis der Menschwerdung zu Gesicht bekommen.

Die Ikone wird von der Strenge im Aufbau und dem hieratischen Charakter der iustinianischen Epoche bestimmt. Sie spiegelt, besonders in den Kleidern der Heiligen, noch den Glanz des Kaiserhofs wider und zeigt in den Gesichtern der Erzengel ganz deutlich die Fortsetzung der hellenistischen Überlieferung. Deshalb datieren die bedeutendsten Forscher (Weitzmann, Kitzinger) dieses Meisterwerk in die Zeit Justinians und schreiben es einer kaiserlichen Werkstatt in Konstantinopel zu. Das Ehepaar Soteriou meint dagegen, es handle sich um ein syropalästinisches Werk.

3. ***Christus - Pantokrator*** (0.85 × 0.45). Ein früher Typus des Christus Pantokrator, d.h. Weltbeherrschers. Christus trägt ein Himation und einen Chiton und hält in der Linken ein dickes Evangelium, während er die Rechte segnend erhoben hat. Der Einband des Evangeliums ist mit Schmuck und Edelsteinen versehen. Die Augen Christi sind in Form und Größe nicht gleich, sein Mund asymmetrisch, mit einem Ausdruck von Melancholie, der halblange Bart wellig, und sein Haar fällt auf die linke Schulter hinab.

Die besondere Qualität der Ikone führt uns zu dem Schluß, daß nur eine Werkstatt Konstantinopels, in den Jahren Justinians, in der Lage war, sie zu fertigen. Diese Zuschreibung wird möglicherweise auch durch die Tatsache gestützt, daß der ikonographische Typus zur Zeit Justinians entstand, wenn wir auch in diesem Punkt nicht sicher sein können. Vergessen wir aber nicht, daß das Sinai-Kloster unter Justinian erbaut wurde und daß der Kaiser selbst sehr wahrscheinlich Geschenke an das Kloster sandte, darunter auch die Ikone des Christus Pantokrator.

Das Ehepaar Soteriou hatte die Ikone ins 13. Jahrhundert datiert. Doch die Restaurierung und Reinigung, die 1962 durchgeführt wurden, deckten die ursprüngliche Schicht des enkaustisch gemalten Bildes auf. So wird als neue Datierung das 6. (oder, wahrscheinlicher, das 7.) Jahrhundert angenommen.

4. ***Fürbittende Muttergottes*** (0.65 × 0.40 m). Die Ikone ist stark beschädigt und besteht aus vier zerbrochenen, hölzernen Teilen, die zusammengefügt wurden. Die Augen sind zerstört, und deshalb fehlt der wichtigste Teil des Gesichts Marias, der uns ihren Ausdruck gezeigt hätte. In ihrer Rechten hält sie eine offene Schriftrolle, auf der in Versen ein Dialog zwischen der Muttergottes und Christus geschrieben ist. Die Muttergottes neigt ihr Haupt und hält den linken Arm vor die Brust. Der bekannte Bildtypus wird von den Byzantinisten derjenige der«Panagia Hagiosoritissa» genannt, doch wenn sie eine mit Bitten beschriebene Schriftrolle hält, wie in unserem Fall, paßt besser das Eigenschaftswort «fürbittend». Aller Wahrscheinlichkeit nach bildete die Ikone einen der zwei Teile eines «Diptychons», eines zweiflügeligen Bildes also. Auf dem anderen Flügel muß Christus abgebildet gewesen sein, an den die Muttergottes ihre Fürbitte richtet.

Die Ikone datiert in die Zeit vor dem Bilderstreit, genauer am Ende des 6. oder zu Beginn des 7. Jahrhunderts, stammt aus einer Werkstatt in Konstantinopel und wurde im 13. Jahrhundert übermalt.

5. ***Christus - Pantokrator*** (0.35 × 0.21 m). Hölzerne Ikone in Wachsschmelztechnik, die sich in der Alten Bibliothek des Klosters befindet. Das Fehlen von Bemalung in der Randzone und die Nagellöcher weisen auf das einstige Vorhandensein einer Umrahmung hin, die die Ikone schützen sollte. Ihr schlechter Erhaltungszustand erleichtert die Untersuchung von Einzelheiten nicht gerade. Christus, mit dreieckigem Gesicht, ist frontal als Halbfigur dargestellt. Seine rechte Hand taucht aus den Falten des Himation gleichsam auf und spendet den Segen, während die Linke, die nicht zu erkennen ist, ein mit goldenem Schmuck versehenes Evangelium hält. Die Herkunft der Ikone ist schwer zu bestimmen. Verschiedene Forscher (Soteriou) betonen ihre «syropalästinische» Herkunft, andere (Weitzmann, Grabar) meinen, sie könnte einer konstantinopolitanischen Werkstatt zugeschrieben werden.

6. ***Himmelfahrt*** (0.46 × 0.30 m). Die Ikone ist in zwei Teile zerbrochen. Ergebnis dieser Beschädigung ist die Zerstörung der Zeichnung und der Farben entlang einer senkrechten Linie etwa im Zentrum der Komposition. So wurden Christus, oben, inmitten der ovalen Aureole, d.h. des den ganzen Körper umgebenden Strahlenkranzes, und die Muttergottes, unten, aufrecht stehend zwischen den Aposteln, in einer viel jüngeren Phase ohne besondere Kunstfertigkeit neugemalt. Die erhaltenen, ursprünglichen Elemente jedenfalls führen uns zur Identifizierung einer «syropalästinischen» Werkstatt des 6. Jahrhunderts: die vier Engel, die die Aureole Christi halten, der linke Halbchor der Apostel und der Apostel ganz außen im rechten Halbchor, aber auch ikonographische Parallelen und die Ähnlichkeit in den Himmelfahrtsdarstellungen, die verschiedene Pilgerflaschen aus Monza zieren (das sind Ölfläschchen in charakteristischer Form, wie sie, mit geweihtem Öl gefüllt, den Pilgern im Heiligen Land geschenkt wurden).

7. ***Christus - Emmanuel*** (0.76 × 0.53 m). Christus ist in der Aureole dargestellt, auf einem Regenbogen sitzend. Seine Füße setzt er auf einen Bogen mit weißen Strahlen. Er trägt Chiton und Himation, seine Rechte führt den Gestus des Segens aus, während die Linke ein offenes Evangelium hält. Rings um die Aureole schweben vier Cherubim. Sein Haar und Bart sind weiß und treten so in Gegensatz zur Aufschrift «EMMANUEL», die üblicherweise den Typus des jugendlichen und bartlosen Christus begleitet. Aber die endzeitliche Christusgestalt in der Aureole, die von vier Cherubim oder den Symbolen der vier Evangelisten begleitet wird, ist mit der Vision des Daniel (Daniel 7,9 ff.) vom «Alten der Tage» verbunden, in der es vom Haupthaar des Herrn heißt, es sei «wie weiße Wolle».

Auf dieser Ikone, wie wir zusammenfassend sagen können, sind gleichzeitig drei Erscheinungsweisen Christi dargestellt:

a) des *«Alten der Tage»* (Christus in der Ewigkeit, mit weißem Haupthaar und Bart)
b) des *«Christus - Pantokrator»*, des Weltherrschers (Segensgeste, Evangelium in der Linken)
c) des *«Emmanuel»* (das fleischgewordene Wort Gottes, ausgedrückt durch die Aufschrift «Emmanuel»).

Was die Herkunft der Ikone betrifft, so weisen sie Weitzmann und Chatzedakes einer ägyptischen Werkstatt zu, das Ehepaar Soteriou dagegen einer konstantinopolitanischen, weil das Erbe der griechisch-klassischen Überlieferung deutlich ist.

8. ***Die drei Jünglinge im Feuerofen*** (0.35 × 0.50 m). Die drei Jünglinge Ananias, Azarias und Misael (Sadrach, Mesach und Abed-Nego) sind mit persischen Gewändern bekleidet. Sie sind aufrecht nebeneinander stehend, inmitten der roten Flammen des Ofens, dargestellt. Ihre Gesichter umgeben große Heiligenscheine mit roten Kreisen. Ein Engel am linken Rand des Bildes trägt ein langes, mit einem Kreuz bekröntes Szepter und berührt mit der Linken die Schulter des Ananias. Mit den Farben, der frontalen Haltung der Gestalten, dem Fehlen räumlicher Tiefe in den Körpern, der schematisierenden Vereinfachung der Umrisse, die Flächigkeit zur Folge hat, wird der Eindruck materieller Wirklichkeit vermindert und der hieratische Stil betont. Die Ikone ist stilistisch mit der enkaustischen Darstellung Abrahams und Jephthahs auf Marmor am Altar der Basilika des Sinai-Klosters vergleichbar, mit deren Hilfe wir eine Datierung ins 7. Jahrhundert vorschlagen können und die Herkunft aus Palästina als sicher annehmen dürfen.

Vom Sinai nach Rußland

Um die Mitte des vergangenen Jahrhunderts verstand es der Bischof von Kiew, Porphyrios Uspenskij, auf betrügerische Weise vier enkaustische Ikonen vom Sinai nach Rußland zu überführen, wo sie im Museum von Kiew ausgestellt sind. Es sind dies:

1. Der Heilige Johannes der Täufer (0.47 × 0.25 m), der in voller Größe dargestellt ist, der kleinen Gestalt Christi zugewendet, die sich in der linken oberen Ecke befindet. Hinter Johannes, in der rechten oberen Ecke, ist die Muttergottes abgebildet, ebenfalls in kleinerem Maßstab, die sich Christus zuwendet. Es handelt sich also um eine frühe Form der Deesis (einer Bildkomposition mit Christus als Herrscher oder Richter in der Mitte zwischen den fürbittenden Maria und Johannes), entstanden im 5. oder 6. Jahrhundert.

2. Muttergottes mit dem Christusknaben (0.35 × 0.20 m). Diese Ikone zeichnet sich besonders durch die Innerlichkeit und die hohe geistige Durchdringung der Muttergottes und Christi aus, stammt aus einer Werkstatt Konstantinopels und ist im 6. Jahrhundert entstanden.

3. Die heiligen Sergius und Bacchus (0.28 × 0.49 m). Die beiden Offiziere des Kaiserhofs und Märtyrer sind frontal dargestellt, zwischen ihnen ein kleines Medaillon mit dem Brustbild Christi. Die Ikone stammt wahrscheinlich aus einer Werkstatt Konstantinopels und ist wohl zu Beginn des 7. Jahrhunderts entstanden.

4. Der Heilige Platon und eine unbekannte Märtyrerin (0.45 × 0.49 m). Gezeigt sind die Brustbilder der beiden Märtyrer, die beide ein Kreuz in der Hand halten; ihre Gesichter strahlen tiefe innere Erleuchtung aus. Das Stück wird für eines der frühesten Beispiele eines Gruppenporträts in der Geschichte der tragbaren Ikonen

gehalten, einer syropalästinischen Werkstatt zugeschrieben und ins 6. oder 7. Jahrhundert datiert.

Ikonen mönchischer Kunst des Ostens im 7. bis 9. Jahrhundert

Die Ikonen dieser Gruppe stammen aus lokalen Werkstätten der Klöster im Osten und besonders Ägyptens, Palästinas, Syriens und Kappadokiens. Sie datieren vom 7. bis 9. Jahrhundert, einem Zeitraum, während dessen die arabische Eroberung jeden Kontakt der östlichen Gebiete mit den griechischen Zentren unterbunden hatte. Deshalb stehen diese Ikonen der Volkskunst nahe und sind von geringer Qualität. In dem primitiven Realismus drückt sich die einheimische Überlieferung der koptischen und syrischen Kirche aus. Wir dürfen aber nicht vergessen, daß diese seltenen Ikonen, die noch dem ersten Jahrtausend angehören, eine entscheidende Rolle für die Ausbildung der christlichen Kunst in den folgenden Jahrhunderten spielten und eine ihrer hauptsächlichen Quellen bildeten.

Von dieser Gruppe hebt sich die Kreuzigungs-Ikone ab, auf der Christus mit geschlossenen Augen dargestellt ist, bekleidet mit einem langen, purpurfarbenen, tunikaartigen Mantel.

Ikonen des 9. bis 12. Jahrhunderts

Die Ikonen dieser Epoche weisen zwei besondere Eigenarten auf. Erstens setzen sie in der Periode nach dem Bilderstreit die malerische Tradition fort, wie sie sich vor dem Bilderstreit entwickelt hatte. Zweitens ist eine Wendung zur klassischen Auffassung, die größere Feinheit in der Zeichnung und ausgeprägtere Plastizität der Gestalten festzustellen.

Unter diesen wichtigen Ikonen, die in der Mehrzahl aus höfischen Werkstätten in Byzanz stammen, ist die Ikone besonders zu erwähnen, die «Szenen aus der Geschichte des Königs Abgar» schildert, mit der ältesten Darstellung des Heiligen Mandylions (Schweißtuches), Büsten Christi, der Erzengel, Heiliger, geistlicher Würdenträger und Asketen der Wüste, Szenen aus dem Dodekaorton und dem Leben der Heiligen.

Es ist dies die Zeit, in der in großer Zahl handgeschriebene Evangelien, Heiligengeschichten und andere Texte mit Miniaturen, d.h. farbigen Illustrationen hergestellt werden, und die so bedeutende Kunst der Miniaturmalerei beeinflusst generell die Ikonographie.

Ikonen der Zeit der Komnenen (1080-1200)

Die Zeit der Komnenen setzt die große Tradition der vorangegangenen Epoche der Makedonenkaiser mit der Erzeugung von Werken fort, die teils durch ihre klassizistische Tendenz bestimmt werden, teils durch ihren provinziellen Stil und häufig durch das mönchische Ideal, je nach dem Ort und dem Milieu, in dem sie entstanden. Im Sinai-Kloster befinden sich eine Menge Ikonen dieser Epoche und der drei verschiedenen Strömungen. An vielen von ihnen bewundert man die ausgeglichene Komposition, die Stärke im Ausdruck der Dargestellten, die gelungene Zusammenstellung der Farben, die transzendente Stimmung, all dies verbunden mit der feinen Empfindung von Adel und Anmut. Besonders hervorzuheben sind «die thronende Muttergottes, umgeben von den Propheten», eine Ikone mit der «großen Deesis (Fürbitte) und dem Dodekaorton», die «Kreuzigung, umrahmt von Büsten Heiliger», eine herrliche Darstellung mit «dem Wunder in Chonai», eine ausdrucksstarke Ikone des «Christus Pantokrator», Mosaik-Ikonen, wie die wunderbare «Muttergottes Hodegetria» (d.h. die Wegeführerin), schöne, kraftvolle Abbildungen wie die Erzengel Michael und Gabriel, Ikonen mit Heiligen (vor allem diejenige mit dem Heiligen Nikolaos) und Szenen aus dem Leben, den Wundern und dem Leiden Christi.

Ikonen aus dem Epistyl von Ikonostasen

Es handelt sich um entwickelte Darstellungen, die die ganze Breite des Epistyls, d.h. des oberen Abschnitts, der Bekrönung des hölzernen Ikonostas, der Schmuckwand zwischen dem Altarraum und dem Laienraum in der orthodoxen Kirche einnahmen. Die meisten von ihnen stammen aus den verschiedeen Kapellen des Klosters und gehören zeitlich dem 11. bis 14. Jahrhundert an. Die bedeutendste Bilderwand von der Bekrönung eines Ikonostas hat eine Gesamtlänge von 2.75 Metern und enthält elf Szenen aus dem Leben des Heiligen Eustratios.

Die Themen der Epistyl-Ikonen sind üblicherweise die Große Deesis (Fürbitte), Szenen aus dem Dodekaorton, Szenen aus dem Leben der Muttergottes, Wunder der Heiligen. Die Kunst dieser Ikonen besticht vor allem durch ihre sehr gute Ausführung, die wunderbare farbliche Feinabstufung, die geistige Spannung und lebhafte Bewegung der Figuren, und generell zeigen sie hohe künstlerische Qualität und Maler mit deutlichen Spuren der großen Tradition in ihren Werken.

Menologien

Eine große und bedeutende Gruppe von Ikonen des Sinai-Klosters sind die Menologien, d.h. Ikonen, auf denen die Heiligen eines jeden Tages im Jahr abgebildet sind. Diese Heiligenkalender kommen in verschiedenen Typen vor: Zwölf große Ikonen, deren jede die Heiligen des entsprechenden Monats als ganze Figur abbildet. Zwei große, miteinander verbundene Ikonen (ein «Diptychon»), auf denen alle Heiligen des Jahres versammelt sind. Ein «Tetraptychon» und ein «Dodekaptychon», also eine vier-bzw. zwölfflügelige Ikone mit Heiligen und Märtyrern. Die Heiligen sind aufrecht stehend in aufeinanderfolgenden Reihen dargestellt, während die Märtyrer ihr Martyrium erleiden. Ikonographisch gehen die Menologien auf die Miniaturen, die Buchillustrationen vor allem des 11. und 12. Jahrhunderts zurück und schöpfen die Idee und die Themen aus den Miniaturen der Heiligenkalender des Simeon Metaphrastes (10. Jh.), die aus Konstantinopel stammen. Verschiedene Menologien tragen Aufschriften in zwei Sprachen, griechisch und iberisch (georgisch), und offenbaren so die engen Beziehungen zwischen dem Sinai-Kloster und den Mönchen und allgemeiner der Kirche Georgiens.

«Sinaitische» Ikonen

Eine große Gruppe von Ikonen, die vom 12. bis zum 15. Jahrhundert datiert, stellt geschichtliche Persönlichkeiten dar, die unmittelbar mit dem Kloster zu tun haben und die auf dessen von Gott geleitetem Weg eine bedeutende Rolle spielten. Meist sind Mönche, Äbte, Patriarchen oder Personen abgebildet, die vor allem auf dem Sinai verehrt wurden, wie die Muttergottes im brennenden, aber nicht verbrennenden Dornbusch, der Prophet Moses, die Heilige Katharina, Johannes Klimax. Die meisten dieser Ikonen müssen im Kloster selbst entstanden sein und weisen bedeutende Unterschiede in Bezug auf Stil, Qualität und technische Ausführung auf, entsprechend dem Wert eines jeden Malers. Auf mehreren Ikonen werden auch die Mönche selbst, auf den Knien liegend, dargestellt, entweder betend oder die Heiligen anflehend. Diese Porträtzeichnungen bilden eine wichtige Quelle für die Geschichte, die Kunst und die Rolle, die berühmte Persönlichkeiten spielten, welche von Zeit zu Zeit im Kloster wirkten und lebten.

Ikonen des 13. Jahrhunderts und der Paläologen-Zeit

Eine bedeutende Zahl von Ikonen gehört dem 13. Jahrhundert an, während eine noch größere Zahl die Überlieferung im 14. und 15. Jahrhundert fortsetzt, also in der Zeit der Paläologen. Im 13. Jahrhundert werden die neuen Kunstströmungen deutlich, die das Streben nach einer Erneuerung der Elemente der Plastizität, der Wiedergabe von Volumina und der tatsächlichen Größenverhältnisse auszeichnet. Das 13. Jahrhundert bereitet in der Kunst die sogenannte «paläologische Renaissance» vor. Das besonders charakteristische Kennzeichen der Epoche ist die Vielfalt im Ausdruck der Ikonen von den Einsiedeleien in Unteritalien bis zu den unter venezianischer Herrschaft stehenden Inseln der Ägäis, vom sensiblen Stil Konstantinopels bis zum dekorativen Charakter der kyprischen Ikonen. Alle Strömungen zeigen sich auf dem äußersten Bollwerk der Orthodoxie, dem Sinai-Kloster, und werden dort assimiliert. Aus der Menge der Ikonen des 13. Jahrhunderts ragt eine wunderbare zweiseitige Ikone hervor, die auf der einen Seite den Heiligen Stephanos und den Heiligen Bakchos zu Pferde zeigt, auf der anderen die Muttergottes Hodegetria.

Die Ikonen der spätbyzantinischen Periode (paläologische Zeit) befreien die Ikonographie von der vorherrschenden traditionellen Linie und folgen neuen Neigungen und Strömungen mit deutlichem Hang zu realistischerer Wiedergabe der Szenen und Gestalten.

Aus dieser Kunst, mit der Freiheit im Ausdruck, der Typenvielfalt, der Suche nach neuen Themen und der Vielzahl an Dargestellten in ein und derselben Szene, entsteht nach und nach die postbyzantinische und besonders die Kunst des 16. Jahrhunderts, die die ikonographischen Themenkreise bereichert und westlichen Stileinflüssen sowie solchen der Renaissance gegenüber geöffnet ist.

Besonders hervorzuheben sind im Sinai-Kloster die «Kreuzigung mit Szenen aus dem Dodekaorton und der Passion», die «Große Deesis und die Reihen von Heiligen-Figuren», Ikonen des «Christus Pantokrator», der «Thronenden Platytera» (d.i. die Muttergottes mit dem Christuskind als Halbfigur in einer Scheibe vor der Brust), Ikonen der «das Kind tragenden Muttergottes» und Gestalten von Engeln und Erzengeln.

Kretische postbyzantinische Ikonen

Der nie abgebrochene Kontakt der Kreter mit dem Sinai-Kloster ist bekannt. Die Ursache hierfür ist hauptsächlich in der Existenz der Kirche der Heiligen Katharina in Heraklion oder später, während der Herrschaft der Türken, der neuen, kleinen Kirche der Sinaiten in Chandakas, dem Heiligen Matthaios geweiht, zu suchen.

So ist es nicht verwunderlich, daß Werke bekannter Maler der «Kretischen Schule» bis heute im Sinai-Kloster zu finden sind. Wir erwähnen die Ikonen des Michael Damaskenos, des Georgios Klontzas, des Emmanuel Lampardos, des Emmanuel Tzanes-Bouniales, des Jeremias Palladas, Viktors des Kreters, des Georgios Kastrophylakas, Angelos' des Kreters, des Johannes Kornaros.

Es handelt sich um eine wunderbare Sammlung von Ikonen mit den bedeutendsten typischen Beispielen der postbyzantinischen Malerei.

Das Mosaik der Verklärung Christi

Die Halbkuppel der Apsis der Basilika schmückt ein wundervolles Mosaik mit der Darstellung der Verklärung Christi. Das Thema passte gut zum Ort, an dem die Kirche steht, da es mit den beiden Messias-Verheißungen des Propheten Moses verknüpft ist und mit derjenigen des Propheten Elias, der Gott als leichten Lufthauch auf dem Berg Horeb verspürte, unterhalb des Gipfels der Zehn Gebote.

Es war ferner ein bei den Mönchen besonders beliebtes Thema, da ja ihre Absicht ist, ein heiligmäßiges Leben zu führen, Gott ähnlich zu werden und den unsagbaren Ruhm Gottes, des nicht von Menschen entfachten Lichtes vom heiligen Berg der Verklärung, Thabor, zu Gesicht zu bekommen.

Inmitten eines ovalen Lichtkranzes, einer «Mandorla», ist Christus dargestellt, mit schwarzem Haar und Bart, zwischen Moses und Elias, die das Gesetz und die Propheten symbolisieren. Unterhalb knien und liegen mit allen Anzeichen des Schrekkens die drei Jünger Johannes, Jakobus und Petrus. Auf der Unterseite des Gurtbogens der Halbkuppel sind in Clipei, medaillonartigen Scheiben, die Büsten der Zwölf Apostel abgebildet. Die drei Apostel, die in der Verklärungsszene erscheinen, werden in den Clipei durch die Jünger Paulus, Thaddäus und Matthias ersetzt. An der Unterseite der Halbkuppel, unterhalb der Darstellung der Verklärung, befinden sich weitere 15 Clipei mit Büsten der Propheten.

Die Komposition ist monumental und bildet ein wahrhaftiges Meisterwerk der byzantinischen Kunst. Der Künstler des Mosaiks mit dem von starkem Licht und tiefer geistiger Ausstrahlung erfüllten Thema verstand es, gegen Ende des 6. Jahrhunderts die Lehre von den zwei Naturen Christi, die sich 451 auf dem Konzil von Chalkedon herausgebildet hatte, mit ausdrucksstarken und transzendenten Mitteln darzustellen.

An den Enden der Clipeus-Reihe ist rechts der Abt Longinos dargestellt, zu dessen Zeit das Mosaik entstand, und links der Diakon Johannes. Es handelt sich um wichtige Persönlichkeiten. Longinos war Abt des Sinai-Klosters von 565/6 und wurde später Patriarch von Antiochia. Der Diakon Johannes ist vielleicht der spätere Patriarch Johannes IV. von Jerusalem (575-594).

Über dem Gurtbogen sind in den Zwickeln zwei schwebende Engel dargestellt, im Zentrum das Lamm. Südlich befindet sich eine Büste der Muttergottes, nördlich Johannes' des Täufers. Man kann behaupten, daß es sich hier um eine der ältesten Darstellungen der Deesis handelt.

Im oberen Teil der Wand werden zwei Ereignisse aus dem Alten Testament geschildert: Moses vor dem brennenden Dornbusch und Moses mit den Gesetzestafeln.

Dieses wundervolle Mosaik muß von hervorragenden Künstlern ausgeführt worden sein, die aus Konstantinopel kamen. Nach den Reinigungs- und Restaurierungsarbeiten, die von amerikanischen Fachleuten im Jahre 1958 durchgeführt wurden, traten die Frische des Themas, die feinen und kräftigen Farben und die Qualität dieses einzigartigen Werks deutlicher zu Tage.

Die Heiligkeit und tiefe Innerlichkeit des Ortes und das berühmte Mosaik führten dazu, daß die Basilika im Lauf der Jahrhunderte den Namen «Kirche der Verklärung unseres Heilands Jesus Christus» erhielt, neben der ursprünglichen Bezeichnung zu Ehren der Muttergottes vom Dornbusch und der späteren mit dem Namen der Heiligen Katharina.

Der Sinai und die Heilige Katharina

Der Sinai wurde breiter bekannt, vor allem in Europa, mit der Verbreitung des Rufs und der Verehrung der Heiligen Katharina. Eine bedeutende Rolle nahm dabei Symeon Metaphrastes ein, der im 10. Jh. eine Schrift über «*das Martyrium der Heiligen Katharina, der siegreichen Märtyrerin in Christo*» verfasste und nachdrücklich für die Überlieferung des Lebens der Heiligen unter den breiteren Schichten der Gläubigen sorgte.

Die weise Jungfrau hatte in den heidnischen Schulen ihrer Zeit Philosophie, Rhetorik, Dichtung, Musik, Physik, Mathematik, Astronomie und Medizin studiert. Ihre Schönheit, ihre für die Zeit überraschende Bildung, ihre aristokratische Abstammung und ihre Gesittung hinderten sie nicht daran, den «Bräutigam der Seelen», Jesus Christus kennenzulernen und sich taufen zu lassen.

Während der Christenverfolgungen unter Kaiser Maximinus zu Beginn des 4. Jhs. griff die Heilige den Kaiser öffentlich wegen der Opferhandlungen vor Götzenbildern an und bekannte sich furchtlos zum Glauben an Christus. Der Kaiser wollte sie von ihrem Glauben abbringen und erteilte den Befehl, daß fünfzig Gelehrte mit ihr diskutieren und ihre christlichen Argumente widerlegen sollten. Ihre Versuche jedoch scheiterten, und viele der weisen Männer, selbst aus dem engen Kreis des Kaisers, ließen sich durch Katharina zum Glauben an Christus bekehren. Als nun der Kaiser keine gütliche Verständigung erzielen konnte und seine Versuche sich als nutzlos erwiesen, griff er zum Mittel der Folter. Er ließ Räder anfertigen, an denen Nägel und spitze Messer befestigt wurden, und die Jungfrau an diese Räder binden. Trotz des schrecklichen Martyriums blieb die Heilige am Leben und hielt an ihrem Glauben fest, und zum Schluß wurde sie von einem Soldaten geköpft. Sofort erhoben Engel ihren unbescholtenen Leib und legten ihn auf dem Gipfel des Berges Sinai nieder.

Im Westen des Reichs begannen die Persönlichkeit, das Martyrium und das Verhältnis der Heiligen Katharina zum Berg Sinai bekanntzuwerden, als Symeon Pentaglossos Reliquien der heiligen nach Rouen und Treves in Frankreich überführte. Ihr Ruf verbreitete sich mit großer Geschwindigkeit über ganz Europa, und das Sinai-Kloster wurde bekannt als Kloster der Heiligen Katharina. Gleichzeitig begann man reiche Gaben auf den Sinai zu schicken, und europäische Staaten machten Schenkungen, sowohl Gebäude als auch Ländereien. Keine Heilige war in Europa so beliebt wie die Heilige Katharina. Große Meister des Pinsels wie Fra Angelico, Corregio, Rubens, Tizian, Murillo stellten heldenhafte oder tragische Szenen aus den Kämpfen der Heiligen um ihres Glaubens willen und aus ihrem Martyrium dar.

Aber auch im Osten verbreitete sich der Kult und die Ikonographie der Heiligen Katharina. Sie wird mit einer Krone und königlichem Gewand dargestellt, umgeben von Gegenständen, die auf ihre gelehrten Studien hinweisen, wie Schreibgriffel, Globus, Bücher, und dem Werkzeug ihres Martyriums, dem Rad. Zusätzlich bilden die byzantinischen Maler den Berg Sinai, den Horeb und den Berg der Heiligen Katharina ab.

Viele Ikonen der Heiligen existieren bis heute im Kloster, und häufig umgibt man sie mit kleinen Ikonen aus ihrem Leben und von ihrem Märtyrertod.

Früh schon wurde ein Marmorsarkophag hergestellt, in dem die sterblichen Überreste der Heiligen beigesetzt wurden. Diesen Sarkophag erwähnt eine Reisebeschreibung aus dem Jahr 1231. In der Neuzeit, im Jahre 1688, wurde der alte Marmorsarkophag durch einen silbernen ersetzt, ein Geschenk der russischen Zaren, wie Inschriften in russischer Sprache zeigen. Aber ihre sterblichen Überreste blieben in dem alten Reliquiar.

So gibt seit postbyzantinischer Zeit bis ins 20. Jh. hinein das Sinai-Kloster seinen Niederlassungen in aller Welt den Namen der Heiligen Katharina. Die größte Wirkung und Ausstrahlung hatte die sinaitische Schule der Heiligen Katharina in Herakleion auf Kreta, die eine Menge wichtiger Persönlichkeiten der Kirche, der Schönen Künste und der Wissenschaften besuchte.

Die Gebäude des Klosters

Außer der ursprünglichen Basilika müssen noch neun Kapellen erwähnt werden: die Kapelle des Heiligen Dornbuschs, des Heiligen Jakobus, der auf dem Sinai und in Raitho getöteten Gläubigen, der Heiligen Marina, der Heiligen Konstantinos und Helena, des Heiligen Antipas, der Heiligen Kosmas und Damianos, des Heiligen Symeon Stylites, der Heiligen Anna. Weitere zwölf Kapellen sind innerhalb der Klostermauern verstreut.

Die bedeutendste von allen, die *Kapelle des brennenden Dornbuschs,* befindet sich hinter der Apsis der Basilika. Die Pilgerin vom Ende des 4. Jhs., Aitheria, hinterließ uns eine knappe Beschreibung des Ortes und der Kirche: *Wir mußten bis in die Tiefe der Schlucht vordringen, weil sich dort viele Zellen von Einsiedlern und eine Kirche an der Stelle des Dornbuschs befinden. Dieser Dornbusch wächst bis heute. Es ist der Busch, den ich weiter oben schon erwähnte, und durch den Gott im Feuer zu Moses sprach. Der Busch befindet sich in einem sehr schönen Garten vor der Kirche.* Der Gläubige betritt die Kapelle, nachdem er sich die Schuhe ausgezogen hat, im Gedenken an Gottes Befehl an Moses: «Zieh deine Schuhe aus von deinen Füßen...». Die Kapelle ist der Verkündigung der Muttergottes geweiht. Der Bildtypus der «Muttergottes im Dornbusch» stellt die Mutter Christi dar, wie sie ihren Sohn in den Armen hält und inmitten eines brennenden Dornbuschs sitzt, während zur Linken Moses, ohne Sandalen an den Füßen, sie anbetet. Die Apsis der Kapelle ziert ein Mosaik des 10. Jhs. mit der Darstellung des Kreuzes. Die Heilige Messe wird jeden Samstag gelesen.

Der heutige *Glockenturm* wurde 1871 vom Schatzmeister des Klosters, Gregorios, errichtet. Die neun Glocken sind ein Geschenk der russischen Zaren. Die Glocken werden zur Heiligen Messe am Sonntag und den Festtagen geläutet, während zur Vesper und der Frühmesse das Stundenholz geschlagen wird, das unter dem Namen «Talanton» bekannt ist.

ZEICHNUNGEN: *Chr. Katsibinis, Architekt*

Das *Alte Refektorium (Palaia Trapeza)* ist eine rechteckige Halle mit gotischen Spitzbögen, auf denen in Reliefarbeit fränkische Inschriften und Wappen angebracht sind. In der Kuppel ist eine Wandmalerei des 16. Jhs. mit dem Thema «Abrahams Gastfreundschaft» (dem Besuch der drei Engel bei Abraham und Sara, 1. Mose 18) erhalten, wo die drei Engel die Heilige Dreifaltigkeit symbolisieren, und über die ganze Wand erstreckt sich in monumentaler Darstellung das Jüngste Gericht. Im Zentrum der Halle ist ein schmaler, langer Tisch mit Schnitzereien erhalten, der in Kerkyra im 17. Jh. gefertigt wurde.

Die *Pinakothek* beherbergt einen kleinen, aber ausgesuchten Teil der riesigen Ikonensammlung. Von den etwa 2000 Ikonen, die das unschätzbare geistige Erbe aus 15 jahrhunderten darstellen, wurden 90 Stücke von einzigartigem künstlerischem Wert ausgesucht und in der Pinakothek im Narthex der Basilika ausgestellt, wo historisch und stilistisch sämtliche Schulen und Strömungen byzantinischer Kunst vertreten sind. Es finden sich dort Ikonen vom 6. bis 10. Jh., in Wachsschmelztechnik gearbeitet, griechische, georgische, syrische, koptische, byzantische Ikonen des 11. bis 15. Jhs., charakteristische Stücke der kretischen Schule des 16. Jhs. und der folgenden, postbyzantinischen Jahrhunderte.

Die *Bibliothek* wird für eine der größten und bedeutendsten Bibliotheken der Welt gehalten. Ihren Reichtum machen vor allem die 3000 Handschriften aus, die in ihrer großen Mehrzahl in griechischer Sprache verfasst sind, andere in arabischer, syrischer, ägyptischer oder einer slawischen Sprache usw. Bekannt ist das Abenteuer der wertvollsten Handschrift auf der ganzen Welt, des Codex Sinaiticus, der den griechischen Text der heiligen Schrift enthält und um die Mitte des 4. Jhs. datiert wird. 1859 entlieh ihn der deutsche Gelehrte Konstantin Freiherr von Tischendorf für den russischen Zaren, aber der Text wurde niemals zurückgegeben. 1933 kaufte ihn das Britische Museum, wo er sich seither befindet.

Viele Handschriften sind mit seltenen und äußerst kostbaren Miniaturen verziert. Außer den Handschriften enthält die Bibliothek eine große Zahl, etwa 5000 Bände, von Inkunabeln (frühen Drucken), eine Reihe davon aus den Anfängen der Kunst des Buchdrucks. Alle Bücher sind nach wissenschaftlichen Methoden katalogisiert, und die Bibliothek verfügt über Werkstätten zur Verfilmung und Restaurierung von Handschriften. Mit ihrem Archiv steht sie Forschern aus aller Welt zur Verfügung.

Der *Garten des Klosters* befindet sich außerhalb der Mauern und bildet eine wirkliche Oase inmitten der granitenen, öden Wüstenlandschaft.

In ihrer Reisebeschreibung erwähnt Aitheria in der Nähe des Dornbuschs einen wunderschönen Garten mit viel Wasser. Aber auch andere Pilger und Schriftsteller schreiben in späterer Zeit über den Garten. Heute wird dort Gemüse angebaut, und neben Obstbäumen gedeihen Zierpflanzen und Blumen. Die Mönche haben von Zeit zu Zeit Erde von weither gebracht. Regenwasser und das Wasser der Schneeschmelze wird in großen Zisternen aufgefangen, um zur Bewässerung des Gartens zu dienen.

Im Garten befindet sich das *Coemeterium,* der Friedhof des Klosters, mit der Kapelle des Heiligen Tryphon und dem Beinhaus. Die Mönche werden auf dem Friedhof beigesetzt, und später werden ihre Gebeine ins Beinhaus überführt. Da nur ganz wenig Erde vorhanden ist, müssen die Gräber immer neu belegt werden. Das Beinhaus erfüllt noch einen weiteren geistigen Zweck: Die Mönche des Klosters, aber auch die Pilger, denken beim Anblick der Gebeine über Leben und Tod nach und philosophieren über das Wesen des Menschen und die Eitelkeit irdischen Lebens.

In einer besonderen Osteothek befinden sich die Reliquien des Eremiten Stephanos, eines sinaitischen Mönchs des 6. Jhs., den Johannes Klimax, einer der Äbte des Klosters gegen Ende des 6. Jhs., erwähnt.

Pilgerstätten außerhalb des Klosters

Zum *Gipfel des Berges Sinai* steigt man auf 3700 Stufen hinauf. Dort wurde früh, wohl schon im 4. Jh., eine Kirche errichtet, die der Kaiser Justinian nach Plänen des Architekten Stephanos neuerbauen ließ. Die Kirche Justinians war recht weiträumig und groß, wie wir aus den erhaltenen Grundmauern entnehmen können

(21 m lang, 11.50 m breit). Auf dem Gipfel existiert auch ein heiliger Bezirk der Mohammedaner. In unserem Jahrhundert wurde auf den Ruinen der Kirche Justinians eine kleine, der Heiligen Dreifaltigkeit geweihte Kapelle aufgeführt.

Der *Berg Horeb* nimmt eine herausragende Stelle ein, wegen des Gipfels der Zehn Gebote. Auf diesem Gipfel war eine Kirche des Propheten Elias errichtet worden. Wie der Diakon Ephraim mitteilt, befanden sich einst zwölf Kapellen auf dem Gipfel und den Flanken des Horeb.

Auf dem *Berg der Heiligen Katharina* steht eine Kapelle der Heiligen an der Stelle, an der ihr Leib gefunden worden war, während auf dem *Berg der Heiligen Episteme* eine Einsiedelei und eine Kapelle dieser Heiligen erhalten sind, aber auch eine Höhle des Heiligen Galaktion.

Auf dem *Hügel Iothor* befindet sich die Kapelle der beiden Heiligen Theodoroi, eine andere kleine Kirche auf dem *Hügel Aaron.* Weiter sind im *Tal der Vierzig Heiligen* die Kapellen der Heiligen Apostel und, am Ort «Bostani», der Darstellung der Jungfrau Maria im Tempel erhalten. Pilgerstätten sind ebenfalls die Kapelle der Heiligen Vierzig Märtyrer und im Garten die Kapelle des Heiligen Onouphrios.

In der bekannten *Schlucht von Thola* sind bis heute eine Höhle und eine Kapelle erhalten, wo der berühmte Johannes Scholastikos oder Johannes Klimax als Mönch lebte und wirkte. Seinen Namen verdankt er seinem Hauptwerk, der «Klimax tou paradeisou», auf deutsch «Himmelsleiter». In derselben Gegend befindet sich die «Hagioi Anargyroi» genannte Besitzung des Klosters.

Das kleine *Tal von Pharan* war der Sitz der ersten Bischöfe auf der Sinai-Halbinsel.

Die letzten Ausgrabungen dort brachten den Fußboden, die Grundmauern und eine kleine Mauer der alten Kirche sowie verschiedene Anbauten zu Tage.

Zu den bekanntesten Orten gehört *Raitho*, das heutige Tor, wo unter Diokletian die Mönche von den afrikanischen Blemmyern dem Martyrium unterworfen wurden. Erhalten ist ein *Schreiben des Abtes Johannes, Prior von Raitho, an Johannes, den weitbekannten Abt des Berges Sinai.* Aus diesem Schreiben erfahren wir, daß zur Zeit des Johannes in Raitho ein Kloster existierte. Der Abt von Raitho bat den Abt des Berges Sinai, den in seinem Kloster lebenden Mönchen Ratschläge zu erteilen.

So entstand das von Gott erleuchtete mönchische Werk, die «Himmelsleiter», aus der reinen Hand des Johannes.

Eindrucksvoll ist die Zahl der erhaltenen Handschriften der «Himmelsleiter» (in der Bibliothek des Sinaiklosters haben sie die Sigel Nr. 416-438). Ebenfalls eindrucksvoll sind die Übersetzungen der – in gelehrtem Griechisch verfassten – «Himmelsleiter» in die Volkssprache sowie die Nachdichtungen des Werkes, deren erste und beste von Maximos Margounios stammt.

Unter den Schluchten ist auch diejenige von *Rachman* zu erwähnen, wo das Kloster des Arselaos und der Sitz des Heiligen Antonius waren, und die entsprechende *Schlucht Chontra*, wo sich ein Felsen mit verschiedenen Inschriften befindet. Inschriften sind im übrigen auch in der *Schlucht Muqqadem* erhalten.

In all diesen Gebieten lebten von Zeit zu Zeit berühmte und tugendhafte Männer, Lehrer der Wüste und Verfasser von Büchern hohen geistigen Werts, die die Wüste für ihr Leben ausgesucht hatten und die tiefe Wahrheit des orthodoxen Glaubens bis an die Grenzen der Ökumene verbreiteten.

Die Beduinen

Seit Jahrhunderten leben sie im Schatten des Klosters. Sie gehören einem der arabischen Stämme der Beduinen des Sinai an, dem Stamme Dschebelia (d.h. die Bergbewohner). Sie sind Mohammedaner, feiern aber den Namenstag Moses' auf dem Heiligen Gipfel und verehren den Heiligen Georg und die Heilige Katharina. Im Kloster sind sie tätig, vor allem als Diener.

Vieles wurde über ihre Herkunft geschrieben. Eutychios, Patriarch von Alexandreia im 9. Jh., schreibt, daß Justinian vom Schwarzen Meer und aus Alexandreia zweihundert Familien auf den Sinai umgesiedelt habe, damit sie die Mönche bedienten.

In unserer Epoche der Maschinen und Technik, in der man in sechs Stunden im Linienbus von Kairo aus ins Kloster gelangt, wird der Pilger selten die Kamele der Beduinen zu Gesicht bekommen, die sich träge in der heißen Sonne bewegen, inmitten der steinernen Fußpfade. Seltener noch wird er Zelte sehen, die in der Oase Pharan aufgebaut wurden. Und er muß sich sehr glücklich schätzen, wenn er eine ganze Familie der Nomaden der Wüste antrifft.

In den Stunden der Ruhe werden der Forscher in der Bibliothek oder der einfache Pilger im Schatten der großen Kirche den Jahrhunderten in Gedanken nachhängen, die außen am Kloster vorüberzogen. Innerhalb des Klosters nämlich dürfen sie sich bereithalten, den ekstatischen Moses zu treffen, den Dornbusch in Flammen zu sehen, den Engeln zu begegnen, die die sterblichen Überreste der schönen Heiligen Katharina mit sich führen, die Schritte des Johannes auf der «Himmelsleiter» der Tugenden zu hören, die er Stufe um Stufe hinaufsteigt, sich niederzuwerfen und die Erde zu küssen, auf der Gott wandelte, und tief in ihrem Inneren die Ewigkeit zu spüren. Denn auf diesem Berg Sinai, den Gott selbst betrat, trafen das Ewige und das Heilige auf das Vergängliche und das Menschliche.

1. *Die Sinai-Halbinsel mit einem Teil Ägyptens und Saudiarabiens, von einem amerikanischen Satelliten aus fotografiert. Die Vorlage zur Abbildung wurde liebenswürdigerweise von der NASA zur Verfügung gestellt.*

2. *Karte der Sinai-Halbinsel.*

1

2

PICTORIAL MAP OF
SINAI
MEDITERRANEAN SEA
PORT SAID
PORT FUAD
PORT TEFIK
NEGEV
ARAVA
JORDAN
DEAD SEA
E-TIH DESERT
ELAT
AKABA
GULF OF SUEZ
GULF OF ELAT
EGYPT
SAUDI ARABIA
RED SEA

3. *Landschaft im Inneren der Sinai-Halbinsel, auf dem Weg zum Kloster.*

3

4. *Gebäude auf einem Hügel nahe dem Küstenort Abu Zenima.*

4

5

5. *An der Ausfahrt aus dem Tunnel führen Straßen zu allen denkbaren Zielen auf der Sinai-Halbinsel.*

6

6. Einfahrt in den 1980 konstruierten Tunnel, der in 37 m Tiefe unter dem Meeresspiegel auf einer Länge von 1700 m unter dem Suezkanal verläuft und die Sinai-Halbinsel mit dem übrigen Ägypten verbindet.

7

7. Im Tunnel unter dem Suezkanal.

8

8. Der Suez-Kanal.

9. Wundervolles Detail der Sinailandschaft nahe dem Paß «El Garadel».

9

10. Teil eines Palmenhaines nahe der alten Stadt Raitho (heute El Tor).

10

11. Blick auf den Golf von Akkaba, von der Ostküste der Sinai-Halbinsel aus.

12. Blick auf den Golf von Akkaba mit der Insel Pharao, übersät von Ruinen verschiedener Epochen und Gebäuden, darunter auch einem alten Kloster.

11

12

13

14

13. Blick auf die Ostküste der Sinai-Halbinsel, beim Golf von Akkaba.

14. Granitfelsen mit Korallen an der Ostküste der Sinai-Halbinsel beim Golf von Akkaba.

15. Beduine mit seinem traditionellen «Verkehrsmittel», das leider nach und nach ausgedienten Jeeps wicht. 16

16. Ein junges Beduinenmädchen, das Ziegen hütet, versucht sich vor der Kamera zu verstecken.

15

17. *Beduine mit trockenen Büschen, die vor der Kälte im Winter schützen sollen.*

18. *Mönch im Wüstensand, der hier Wellen ähnelt, in der Nähe von Aburadeis.*

17

18

19. Beduine im Tal von Pharan.

20. Beduinenzelt in der Nähe des Klosters.

21. Typische Beduinenfrau.

22. Junges Beduinenmädchen vor seinem Zelt.

19

20

21

22

23

23. Unterhalb des Gipfels Moses', nahe der Kapelle des Hlg. Elias. Beduinen und Mönche trinken Kaffee nach anstrengender Arbeit an der Kapelle.

24

24. Szene von Beduinen-Hochzeit. Gekochtes Ziegenfleisch wird zerkleinert und an die Gäste verteilt, die sich im Schatten eines Zeltes aufhalten, Männer und Frauen getrennt.

25

25. Ähnliche Szene von derselben Hochzeit.

26. Typische Szene vom traditionellen Leben der Sinai-Beduinen. Die Zelte werden leider nach und nach durch kleine steinerne Behausungen ersetzt.

26

27. *Kamelrennen anläßlich des Hochzeitsfestes.*

28. *Zwei Mönche wandern zur sogenannten «Daniels-Zelle» in der Einöde, in der Nähe der Kapelle des Elias und Elisa auf dem Horeb, unterhalb des Gipfels Moses'.*

28

27

29. *Gesamtansicht des Klosters von Nordosten.*

30

30. Gesamtansicht des Klosters auf den Ausläufern des Berges Horeb, mit einem Teil des Klostergartens und dem neuerrichteten Gästehaus.

31. Gesamtansicht des Klosters von Norden.

31

32

32.34.35. *Frühchristliche Kreuze in Reliefarbeit. Auf der von Justinian aus Granit errichteten Südmauer des Klosters.*

33

34

35

36. Südliche Umfassungsmauer des Klosters (6. Jahrhundert) mit jüngeren Reparaturen an verschiedenen Stellen.

◀ 37

37. Gesamtansicht des Klosters von Nordosten bei Nacht.

38. Nachtaufnahme des offiziellen Gästehauses des Klosters.

39. Gesamtansicht des Klosters bei Nacht. Das Gebäude mit den breiten Bogenarkaden beherbergt die Bibliothek des Klosters und die Zellen der Mönche.

38

39

40

41

40. *Die Kapelle Johannes des Täufers, im Klosterinneren. Nachtaufnahme.*

41. *Nachtaufnahme. Im Vordergrund Bogen aus justinianischer Zeit, dahinter links der Brunnen des Moses, wo er die Töchter Jethros vor der Vertreibung durch die Hirten beschützte.*

42. *Der alte Brunnen des Moses (mit neuerer, handbetriebener Pumpe zum Wasserschöpfen), wo der Prophet die Töchter Jethros traf.*

43. *Teilansicht vom Inneren des Klosters. Die Treppe links führt zur Kapelle der Muttergottes «Zoodochos Pigi» (Leben empfangender Quell).*

42

44

44. *Fassade der dreischiffigen Basilika (der Klosterkirche) mit dem neueren Glockenturm.*

45. *Kreuz flankiert von Palmen. Reliefarbeit in Granit im Giebel der dreischiffigen Basilika.*

46. *Der Dornbusch, der «brannte,aber nicht vom Feuer verzehrt wurde».*

45

46

47

47. Ansicht des Klosters von Norden. Außer der Kirche ist im Vordergrund der Kirchturm und das Minarett der alten Moschee zu sehen, an der Nordmauer die Kapelle des Heiligen Georg.

48. Die Basilika von Osten. Im Vordergrund Zweige des Dornbuschs.

48

49. Großer Ausschnitt vom Inneren des Klosters.

50. Das Innere des Klosters. Die Bogengänge führen vom Eingang zur Kirche.

51. Das Innere des Klosters. Eingang der Bibliothek.

49

50

51

52

53

54

52. *Nördlicher Teil der Umfassungsmauer des Klosters, der Gang, der zum Dornbusch führt, welcher sich rechts hinter der Kirche befindet.*

53. *Fenster mit Doppelrundbogen auf der Südseite des Narthex (Vorhalle) der Basilika. Justinianische Zeit.*

54. *Teil der alten Zellen der Mönche.*

55. *Mönch schlägt das Stundenholz, das «Talanton», um seine Mitbrüder zur Vesper zu versammeln.*

55

58

56

57

58. *Ansicht des Bibliotheks-Gebäudes, aufgenommen von einer Öffnung in der doppelten Südmauer, wo sich ein innerer Gang befindet.*

56. 57. 59. *Verschiedene Ansichten von malerischen «Winkeln» im Inneren des Klosters.*

60. *Die Treppe, die zum Eingang der Basilika (durch die Vorhalle) führt.*

61. *Fassade der Kapelle des Evangelisten Johannes.*

59

60 61

62

63

62. Ein Mönch schlägt das Stundenholz, das «Talanton», und ruft seine Mitbrüder zur Abendmesse.

63. Der Bruder Küster reinigt das Dach der Klosterkirche von einer dünnen Schneeschicht.

64. Innenaufnahme aus dem alten Refektorium (Speisesaal) des Klosters vor seiner kürzlichen Erneuerung. Auf den Bögen Inschriften, Namen und Symbole, aus der Zeit der Kreuzfahrer. Die hölzerne Kommode ist ein Möbelstück aus dem 16./17. Jh.

65

66

65. Eingang zur Vorhalle der Basilika mit Granitbogen, wo sich eine neuere Darstellung der Verklärung Christi befindet.

66. Detail der Holztür des Narthex, 12. Jh.

67. Dreiflügelige, hölzerne Eingangstüre zur Vorhalle (Narthex), vom 12. Jh. Die Glastüre davor ist in jüngerer Zeit zum Schutz der Holztür angebracht worden.

◀ 68. Das Innere der Klosterkirche, einer wunderbaren, dreischiffigen Basilika des 6. Jhs., mit neuerer Innenausstattung. Das Ikonostas ist von kretischen Künstlern wohl in der sinaitischen Niederlassung von Chandaka (Heraklion) auf Kreta 1612 gefertigt worden.

69. Die Heilige Messe im Kloster: Der Bischof selbst schwenkt das Weihrauchgefäß während der österlichen Vesper der Agape.

70. Die Heilige Messe. Vor dem Altar unterhalb des wundervollen Mosaiks der Verklärung Christi (6. Jh.).

71. Ähnliche Szene wie in Abb. 69. Voran schreitet der Diakon mit drei Kerzen in der Hand.

72. Entzünden der Kerzen während der Vesper.

73. Einzug der Priester in der Basilika während der Vesper.

69

70

71

72

73

74

74. Der Eingang vom Narthex zum Inneren der Basilika. Die vierflügelige, hölzerne Türe mit Reliefdarstellungen von Tieren und Pflanzen ist seit dem 6. Jh. bis heute in Gebrauch und ausgezeichnet erhalten. Zu sehen sind weiter das Weihwasserbecken und der Tabernakelrahmen.

76

75

75. Detail der Holztür zwischen Narthex und Basilika, 6. Jh.

76. Die mittlere, mit Metall beschlagene Eingangstür zum Kloster, 16. Jh.

77. Die innere, eiserne Eingangstür derselben Epoche.

77

78 79

78. 79. Detail von der Darstellung der Heiligen Katharina auf dem erwähnten metallenen Reliquienkasten (Abb. 80): Engel, die den Leib der Heiligen Katharina zum Berg Sinai bringen.

80. Metallener Reliquienkasten mit Reliefdarstellung der Heiligen Katharina, 1860 von einer russischen Prinzessin zur Aufnahme der Reliquien der Heiligen gestiftet, die man jedoch nicht aus der älteren marmornen Lipsanothek hinter dem Ikonostas, im Altarraum (Hieron Bema) entfernen wollte.

81

80

81. Tragbare Ikone der Heiligen Katharina, 17. Jh., mit Darstellungen aus dem Leben und vom Martyrium der Heiligen.

ΕΓΕΝ
ΕΤΟΔΕ
ΤΗΗΜ
ΕΡΑΤΗ
ΤΡΙΤΗ
ΓΕΝΗ
ΘΕΝΤ
ΟCΠΡ
ΟCΟΡ
ΘΡΟΝ
ΕΓΙΝ
ΟΝΤ
ΟΦΟ
ΝΕΚ
ΑCΤ
ΡΑΠΕ
ΚΠΑΡΕCΤΗCΑΝΥΠΟΤΟΟΡΟCΤΟCΙΝΑ
ΤΟΔΕCΙΝΑΟΡΟCΕΚΑΠΝΙΖΕΤΟΟΛΟΝΔΙΑΤΟ
ΚΑΤΑΒΕΒΗΚΕΝΑΙΤΟΝΘΕΝΕΠΑΥΤΟΕΝΠΥΡΙ
ΤΑCΑΕΚΤΩΝCΩΝCΟΙΠΡΟCΦΕΡΟΜΕΝΚΕ
ΥΠΕΡCΩΤΗΡΙΑCΘΕΟΔΩΡΑCΤΗCΦΛ ΚΑΙΥΠΕΡ
ΑΝΑΠΑΥCΕΩCΠΡΟΚΛΟΥΚΑΔΟΜΕCΤΙΑCΑΜΗΝ

83

82. Großes Bronzekreuz aus frühchristlicher Zeit (wohl 6. Jh.), mit Text aus dem Exodus (2. Moses), der sich auf die Übergabe der Zehn Gebote durch Gott an Moses auf dem Berg Sinai bezieht.

83. Kleine Lipsanothek (Reliquienkästchen) mit Gebeinen verschiedener Heiliger, die im Altarraum aufbewahrt werden.

84. Weiterer, großer metallener Reliquienkasten im Altarraum mit Reliefdarstellung der Heiligen Katharina, russischer Kunst des 17. Jhs., mit Stifternamen in russisch auf den Seiten des Kastens.

84

85 86

85. Bischöfliche Insignien und Stab des Abtes, den der Erzbischof von Sinai zusätzlich führt, da er gleichzeitig Abt des gleichnamigen Klosters ist, das der Heiligen Katharina geweiht ist.

86. Altar und Altarnische in der kleinen Kapelle des brennenden Dornbuschs, die sich direkt hinter dem Allerheiligsten der Basilika befindet. In dieser Kapelle, die der Jungfrau Maria geweiht ist (als dem Dornbusch, der vom Feuer der Göttlichkeit nicht verzehrt wird), wird jeden Samstag die heilige Messe gefeiert, und alle Gläubigen betreten den Raum ohne Schuhe, zum Gedenken an Gottes Wort, der zu Moses sagte, er solle seine Schuhe ausziehen, «denn der Ort, darauf du stehst, ist ein heilig Land».

87. *Hostienschale mit wunderbaren Reliefdarstellungen des 17. Jhs. aus Silber, die Geschehnisse auf dem Berg Sinai betreffend.*

87

88. *Drei hölzerne, geschnitzte Kreuze mit Rahmen aus silbernem Filigranwerk und Edelsteinen aus dem 16. - 18. Jh.*

88

89

90

89. Perikopen (Auszüge aus dem Evangelium) für den liturgischen Gebrauch, mit Reliefverzierungen in vergoldetem Silber und den Porträts der vier Evangelisten aus Email. 18. Jh.

90. Abendmahlskelch des 18. Jhs. mit Emaildekor und Edelsteinen.

91. *Gesticktes Kreuz auf Stoff mit dem Herrn in der Mitte und den vier Evangelisten in den Ecken. 17. Jh.*

92. *Schutzhaube für die Lipsanothek der Heiligen Katharina aus Stoff, mit wundervollen gestickten Darstellungen aus dem Leben der Heiligen, 17. Jh. In der Mitte die Überführung ihrer sterblichen Überreste durch den Engel auf den höchsten Gipfel des Berges Sinai.*

93. *Teil einer großen, gestickten Bischofs-Stola des 18. Jhs.*

91

92

93

94. *Meßgewand, über und über bestickt in wundervoller Technik. Dargestellt sind auf der einen Seite die Wurzel Jesse, aus der die Jungfrau Maria und der Herr Jesus Christus emporwachsen, und auf der anderen Seite der Herr mit den zwölf Aposteln, über Christus die ebenfalls segenspendenden Gestalten Gottvaters und des Heiligen Geistes. 18. Jh.*

95. *Dasselbe Meßgewand. Die Seite mit der Darstellung der Wurzel Jesse, David, der Muttergottes und dem Christusknaben.*

95

94

96. Das wundervolle Mosaik der Verklärung unseres Heilands in der Halbkuppel über dem Altar der Basilika, in hervorragendem Erhaltungszustand (6. Jh.). In der Leiste unter dem Hauptbild sind die Porträts der 16 Propheten und, in der Mitte, des Propheten David angebracht, im Gurtbogen die «Porträts» der zwölf Apostel. Das Thema der Verklärung, d.h. des Lichtes vom Berg Tabor, und die Anbetung Gottes sind das ureigenste Ziel des Lebens in Christo, wie es sich im mönchischen Ideal erfüllt.

97. Detail: Die Mitte des Mosaiks. Die aufeinanderfolgenden verschiedenfarbigen Ovale («Aureole»), die Christus umrahmen, symbolisieren das übernatürliche Licht, das aus der gottmenschlichen Natur des Herrn entsprang und die erstaunten Jünger Petrus, Jakobus und Johannes blendete.

96

97

98

99

98. *Detail des Kopfes Abb. 99. Der ekstatische Gesichtsausdruck mit der angehobenen linken Braue wird als einmalig bezeichnet.*

99. *Christus als Weltenherrscher («Pantokrator»). Tragbare enkaustische (in Wachsmalerei geschaffene) Ikone hervorragender Qualität. 6. Jh.*

100. Thronende Muttergottes mit dem Christusknäblein zwischen zwei Heiligen (wahrscheinlich Theodoros und Georgios), darüber zwei Engel. Wunderbare tragbare, enkaustische (d.h. in Wachsschmelztechnik ausgeführte) Ikone. 6. Jh.

101. Christi Geburt, mit verschiedenen entsprechenden Darstellungen. Tragbare, enkaustische Ikone der Volkskunst. 7. Jh.

102. *Das Opfer der Tochter des Richters Jephthah. Darstellung des 6. Jhs. in Wachsschmelztechnik auf Marmor, auf dem rechten Stützpfeiler der Halbkuppel des Allerheiligsten.*

103. *Die Opferung Isaaks durch seinen Vater Abraham. Enkaustische Darstellung des 6. Jhs. auf Marmorinkrustation des linken Stützpfeilers der Apsis der Basilika im Katharinen-Kloster.*

104. *Der Apostel Petrus. Darüber drei Porträts: Christus in der Mitte und zu beiden Seiten die Muttergottes und eine weitere Person, vielleicht der Apostel Johannes. Enkaustische Malerei vom Ende des 6. Jhs.*

102

103

105. Ganzjähriger Heiligenkalender, d.h. die Heiligen des Kirchenjahres in der chronologischen Reihenfolge ihrer Festtage. Zweiflügelige tragbare Ikone des 13. Jhs.

106. Szene mit der Kreuzigung, umgeben von Heiligen. Tragbare Ikone des 12. Jhs. von hervorragender Qualität.

ΜΑΡΙΑ
Η ΚΥΡΙΑ
ΜΡ ΘΥ

107. *Panaghia tou Pathous («Muttergottes der Passion»). Tragbare Ikone des 16. Jhs.*

108. *Christi Geburt mit fast allen in diesem Zusammenhang stehenden heiligen Geschehnissen. Mittlerer Teil einer dreiflügeligen Ikone. 13. Jh.*

109. *Die Heilige Katharina auf einem Thron, mit den Symbolen ihrer Weisheit und ihres Martyriums. Kleine tragbare Ikone, gemalt in eine große Muschel aus dem Roten Meer.*

108

109

110

111

112

110. Die Heilige Katharina. Tragbare Ikone vom Tabernakelrahmen, neuerer Kunst.

111. Die Heilige Katharina. 15. Jh. Große tragbare Ikone spanischer Kunst.

112. Thronende Heilige Katharina mit den Symbolen ihrer Weisheit und ihres Martyriums. Tragbare Ikone. 17. Jh.

113. Thronende Heilige Katharina mit den Symbolen ihrer Weisheit und ihres Martyriums. Ikone des 16. Jhs., auf dem Ikonostas der Klosterkirche angebracht.

114. Mariae Verkündigung. Aus der oberen Zone des Ikonostas mit Darstellungen aus dem Dodekaorton. 12. Jh.

115. Die Erweckung des Lazarus. Aus der oberen Zone des Ikonostas mit Darstellungen aus dem Dodekaorton. 12. Jh.

116. Das Wunder in Chonai. Tra bare Ikone besonderer Qua tät. 11.-12. Jh.

114

115

117

118

117. Der Einzug des Herrn in Jerusalem vor der Passion. Aus der oberen Zone des Ikonostas mit Darstellungen aus dem Dodekaorton. 12. Jh.

118. Die Verklärung Christi. Von derselben Reihe mit Darstellungen des Dodekaorton aus der oberen Zone des Ikonostas. 12. Jh.

119. Die Taufe des Herrn. Von derselben Reihe mit Darstellungen des Dodekaorton aus der oberen Zone des Ikonostas. 12. Jh.

Η ΒΑΠΤΙ ΣΙΣ

120

120. *Die beiden Erzengel Michael und Gabriel. Tragbare Ikone hervorragender Qualität. 12.-13. Jh.*

121. *Der Erzengel Michael fürbittend. Tragbare Ikone aus einer kretischen Werkstatt. 16. Jh.*

121

122. Der Erzengel Gabriel. Detail aus der Darstellung von der Verkündigung an Maria, aus der oberen Zone des Ikonostas mit Darstellungen aus dem Dodekaorton. 12. Jh.

123. Die sterblichen Überreste der Heiligen Katharina, von Engeln nach ihrem ruhmvollen Martyrium auf den höchsten Gipfel des Berges Sinai gebracht. Detail einer tragbaren, dreiflügeligen Ikone des 16. Jhs.

124. Der Erzengel Michael. Tragbare Ikone des 12. Jhs. (mit Darstellung des Stifters, eines Mönchs, der sich dem Erzengel zu Füßen wirft).

122

123

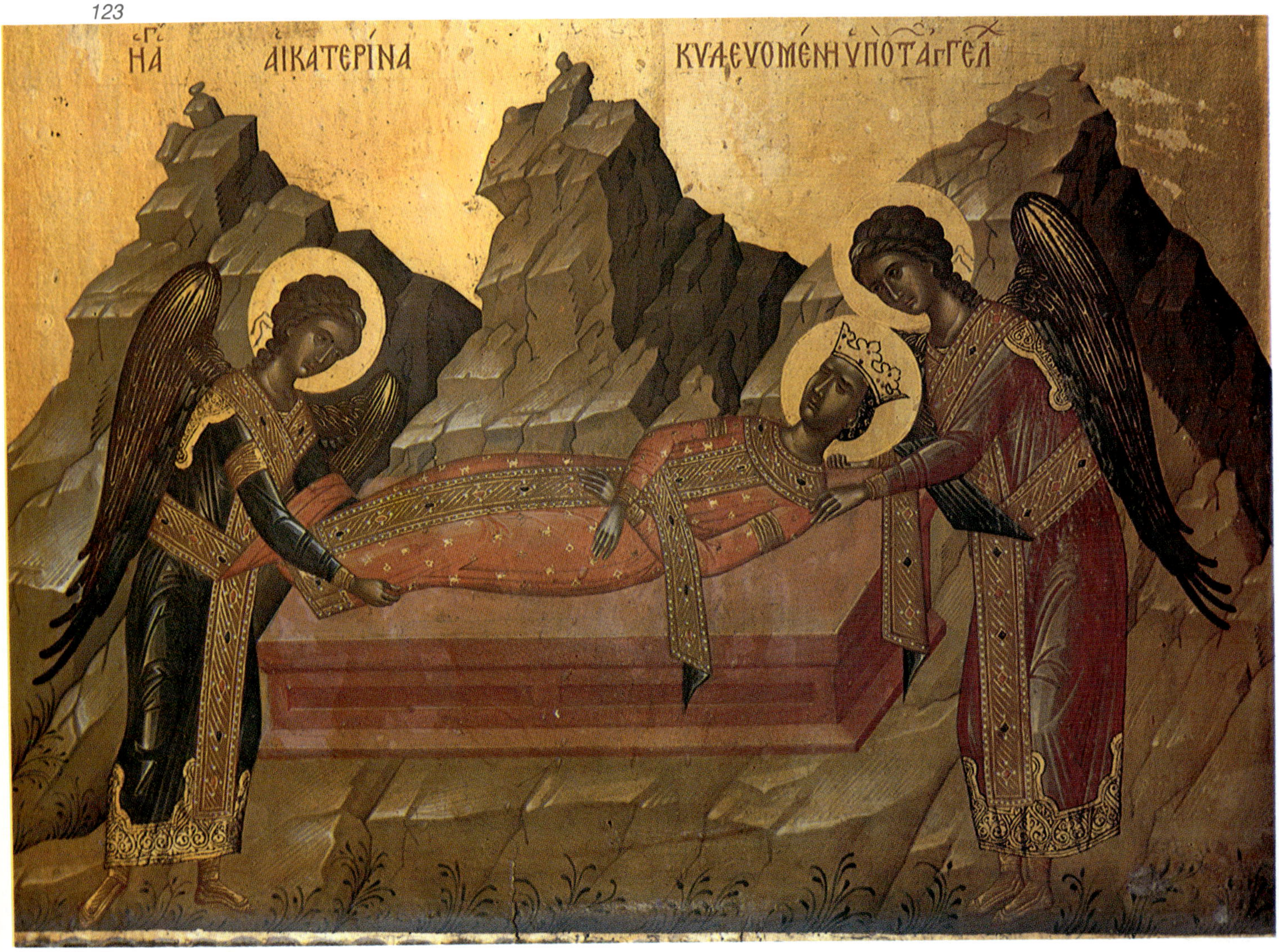

484

125. Die Heiligen Sergius und Bacchus. Detail aus der nebenstehenden Abb. 126.

126. Die beiden Soldatenheiligen Sergius und Bacchus zu Pferd. Große tragbare Ikone des 13. Jhs.

125

127. Die Heilige Theodosia. Tragbare Ikone des 13. Jhs.

128. Der Apostel Paulus. Tragbare Ikone des 16. Jhs.

129. Der Heilige Georg. Tragbare Ikone des 13. Jhs.

128

127

129

130. Diptychon (zweiflügelige Ikone) mit Darstellungen aus dem Leben des Herrn: Die Verkündigung - Die Geburt - Der Einzug in Jerusalem - Die Kreuzigung. Tragbare Ikone des 12./13. Jhs.

130

131

131. *Darstellung des Klosters und des Berges Sinai auf dem Bischofsthron (18. Jh.).*

132. *Historische Rekonstruktion des Berges Sinai, des Klosters, verschiedener kleinerer Klöster und der Orte aller heiligen Ereignisse des Sinai. Tragbare Ikone des 17. Jhs.*

132

134

133. *Die Kreuzigung. Kleine tragbare Ikone des 12./13. Jhs. mit den hauptsächlichen Szenen aus dem Leben des Herrn rund um die zentrale Darstellung.*

134. *Der Prophet Moses auf einer der Verbindungstüren des Ikonostas. Kretische Technik des 17. Jhs.*

135. Der Prophet Moses nimmt die Zehn Gebote in Empfang. Große tragbare Ikone des 12./13. Jhs.

136. Die Heilige Märtyrerin Paraskeue, die ihr abgeschnittenes Haupt hält, mit Szenen aus ihrem Martyrium. Tragbare Ikone des 18. Jhs.

136

135

137

137. Der Prophet Moses nimmt die Zehn Gebote aus den Händen des Herrn Zebaoth entgegen. Tragbare Ikone des 12. Jhs.

138. Die heiligen Apostel Paulus, Andreas und Petrus. Tragbare Ikone des 13./14. Jhs.

138

139. Kleine Deesis (Fürbitte) - Szene in der Mitte der oberen Zone des Ikonostas mit dem Dodekaorton, 12. Jh.

140. Drei Heilige (?) - Tragbare Ikone des 13. Jhs.

141. Christi Himmelfahrt. Ikone in Wachsschmelztechnik des 6. Jhs.

142. Die Darbringung Christi im Tempel. Darstellung aus der oberen Zone eines Ikonostas mit dem Dodekaorton. 12. Jh.

143. Auferstehung und Himmelfahrt Christi. Zwei Darstellungen aus der oberen Zone eines Ikonostas mit dem Dodekaorton. 13. Jh.

140

141

142

143

145

144. Die Himmelsleiter der Tugenden. Die Darstellung ist vom asketischen Leben des Johannes von Sinai, des sogenannten Johannes Klimax (d.h. «die Leiter») angeregt. Tragbare Ikone des 12./13. Jhs.

145. Große Deesis (Fürbitte) mit Engeln, den Kirchenvätern, Märtyrern, Seligen und Heiligen mit Heiligenschein. In fünf entsprechenden Reihen. Tragbare Ikone des 12. Jhs.

146

146. Der Herr, thronend, in der Mandorla. Email auf Metalltafel. Kunstwerk des 13. Jhs.

147. Muttergottes Hodegetria mit dem Christusknaben auf dem rechten Arm. Tragbare Mosaikikone des 13. Jhs.

147

148. Die Klosterbibliothek. Sie enthält etwa 3200 inventarisierte Handschriften und weitere 1100 neugefundene, deren Katalogisierung in Arbeit ist.

149. Abschrift des «Achtinamés», des Erlasses des Begründers des Islam, Mohammed, den er den Mönchen des Klosters gab und worin er seine Anhänger zu Ehrfurcht und Achtung gegenüber den Mönchen der Wüste von Sinai ermahnt.

148

149

150

150. Beginn des sinaitischen Pergament-Codex Nr. 339. 11./12. Jh. Links der Heilige Gregor von Nazianz bei der Abfassung der Schrift, und rechts der Beginn der Predigt zum Heiligen Osterfest mit Darstellung der Auferstehung.

151

152

151. Der Evangelist Lukas bei der Abfassung des Evangeliums. Miniatur in einem sinaitischen Pergamentcodex des 13. Jhs. Er enthält 52 Perikopen (Auszüge) aus dem Evangelium.

152. Der Evangelist Matthäus (?). Miniatur aus derselben sinaitischen Handschrift.

153. Der Heilige Gregor von Nazianz schreibend. Ganzseitige Miniatur von höchster Qualität aus der erwähnten sinaitischen Handschrift Nr. 339 des 11./12. Jhs. (vgl. Abb. 150).

154

155

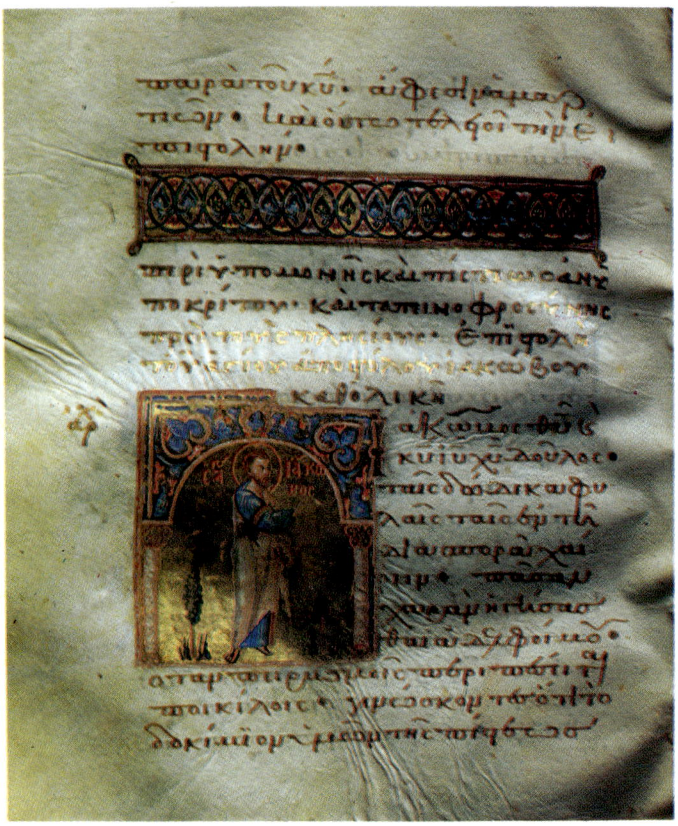

154. Dekoration in der Pergamenthandschrift 179 des Sinai-Klosters.

155. Dekoration einer Seite in der Pergamenthandschrift 275 des Sinai-Klosters, aus dem 11. Jh.

156. *Christi Höllenfahrt und seine Rückkehr aus der Hölle. Miniatur des Codex Nr. 339 am Anfang der Predigt Gregors von Nazianz über das Heilige Osterfest.*

156

157

157. Dekoration einer liturgischen Handschrift des 17. Jhs. mit Messe des Johannes Chrysostomos.

158. Miniatur aus derselben Handschrift. Neben dem Text des Gebets vor dem großen Einzug in die Kirche sind Engel dargestellt, die den Leib des Herrn mit sich tragen nach dem Satz «Nehmet hin und esset. Dies ist mein Leib...»

159. Der Heilige Gregor von Nazianz spricht zur Menge der Gläubigen. Miniatur aus dem Codex 339. Titelillustration zur Rede des Heiligen Gregor über die Barmherzigkeit gegen die Armen.

158

15

+ ΤΟΥ ΑΥΤΟΥ. ΠΕΡΙ ΦΙΛΟΠΤΩΧΙΑΣ. +

Ἄνδρες ἀδελφοὶ
καὶ συμπτωχοὶ ἡμέ-
τεροι· πτωχοὶ γὰρ
ἅπαντες καὶ
τῆς θείας χά-
ριτος ἐπιδεεῖς·
κἂν ἄλλος ἄλ-
λου προέχειν
δοκῇ μικροῖς
μέτροις μετρού-
μενος, δέξασθε
τὸν περὶ φιλο-
πτωχίας λόγον·
μὴ πενιχρῶς,
ἀλλὰ φιλοτί-
μως· ἵνα καὶ

160

160. *Miniatur aus dem Codex 1186. Dargestellt ist die Opferung Isaaks durch seinen Vater Abraham.*

161

161-162. *Miniaturen aus dem griechischen Pergament-Codex 1186 des Klosters aus dem 11. Jh. mit Darstellungen vom Auszug der Kinder Israel aus der Knechtschaft des Pharao ins Land der Verheißung, durch die Wüste Sinai*

162

163. Der Herr im Glorienschein sitzend, nach dem Gesicht des Habakuk, zu seiner Rechten der Heilige Gregor von Nazianz fürbittend. Miniatur des wundervollen Codex 339 als Titelillustration der Rede des Heiligen Gregor mit dem Titel «Zweite Rede zum Heiligen Osterfest, Herr, gib uns Deinen Segen».

163

164. Miniatur aus der Handschrift Nr. 1186. Ereignisse aus dem Buch «Exodus», Moses vor dem brennenden Dornbusch auf dem Berg der Zehn Gebote.

165. Die Bundeslade mit Cherubim darüber und den Propheten Aaron und Moses zu beiden Seiten. Miniatur aus der Pergament-Handschrift Nr. 1186 der Bibliothek des Sinai-Klosters. 11./12. Jh.

166. Miniatur aus der Handschrift Nr. 1186. Moses mit seinen Schafen auf dem Sinai empfängt vor dem brennenden Dornbusch die Zehn Gebote.

167. Hirtenszene. Dekorative Miniatur am Anfang einer Pergamenthandschrift des 11. Jhs.

164

165

166 167

168

168. Aufbruch in die Wüste. Miniatur aus dem Kapitel «Über die Fremde» des Werks «Himmelsleiter» des Johannes von Sinai. Aus dem Pergamentcodex Nr. 418 der sinaitischen Bibliothek. 11. Jh.

169. Der berühmte syrische Palimpsest (d.i. eine «ausradierte» und zum zweiten Mal beschriebene Handschrift) der Bibliothek des Sinai-Klosters vom 5. Jh. Die zweite Verwendung wird ins 7. Jh. datiert.

169

در کتاب مشارب التجارب که نسخهٔ ذیل تجارب الامم است از تصنیف ابن فندق
بیهقی و در جوامع العلوم از تصنیف رازی که بنام سلطان تکش است در فصل
تاریخ مذکورست که ملکاتکین یکی بود از ارکان مملکت سلجوقیان چنانکه در مملکت
سامانیان البتکین صاحب جیش خراسان از غرجستان غلامی ترک خریده بود
نام او نوشتکین غرجه بود بتدریج بسبب عقل و کیاست مرتبت مرتبهٔ یافت تا
بحدی که رکنی بزرگ گشت و در دولت سلجوقیان بمثابهٔ سبکتکین بود و در اخر عهد ملوک
سامانی اسم طشت داری داشت و خوارزم در ان روزگار در عداد وظیفهٔ طشت
خانه بود چنانکه خوزستان در وظیفهٔ جامه خانه او را باسم شحنگی خوارزم موسوم
کردند و او را پسران بودند پسر بزرگتر قطب الدین محمد را در مرو بمکتب داد و رسوم

171

170. Reich verzierte Seite einer Papier-Handschrift des Klosters aus dem 16. Jh. in persischer Sprache.

171. Miniatur aus einer Pergament-Handschrift des Klosters. 13. Jh.

172. Ganzjähriger Zyklus von Sonntagen mit den entsprechenden Evangelienauszügen, die nach ihrem Inhalt illustriert sind. Aus einer Pergamenthandschrift des Klosters. 13.-14. Jh.

172

173

174

175

176

173. 174. 175. 176. Miniaturen aus der berühmten Pergamenthandschrift Nr. 3 des Sinai mit Auszügen aus dem Leben des leidgeprüften Hiob.

177. Einer der Gipfel des Berges der Heiligen Episteme, nördlich des Klosters und ihm gegenüber gelegen.

178. Tor der Beichte und einige der 3700 granitenen Stufen, die vom Kloster auf den Gipfel des Moses führen.

177

179

179. Die Kapelle der Heiligen Katharina auf dem gleichnamigen Gipfel.

180. *Die Kapelle der Heiligen Katharina und das Gastzimmer auf der höchsten, gleichnamigen Erhebung der sinaitischen Halbinsel, 2637 Meter hoch. An dieser Stelle wurden nach einem Gesicht die sterblichen Überreste der Heiligen Katharina gefunden.*

180

181. Der Gipfel der Zehn Gebote (oder des Moses, arabisch Djebel Musa), 2285 Meter über dem Meeresspiegel gelegen, wie er sich majestätisch vom höchsten Gipfel des Berges der Heiligen Katharina zeigt.

182. Die Kapelle der Heiligen Dreifaltigkeit auf dem Gipfel der Zehn Gebote, errichtet vor 50 Jahren aus antikem Material der Epoche Justinians.

182

181

183. Der Altar der Kapelle der Heiligen Katharina auf dem gleichnamigen Gipfel des Sinai. An diesem Ort wurden durch ein Wunder die sterblichen Überreste der Heiligen Katharina gefunden und in das Sinai-Kloster überführt, das von da an als zweiten Namen denjenigen der Heiligen annahm.

184. Der Gipfel der Zehn Gebote (Djebel Musa), von der Einsiedelei der Heiligen Episteme aus gesehen.

183

185. Einsiedelei der Heiligen Episteme. Weg zu einer abseits gelegenen Höhle.

186. Der Gipfel des Moses, vom Berg der Heiligen Episteme aus.

187. Die Einsiedelei der Heiligen Episteme und des Galaktion, jüngst von einem Einsiedlermönch des Sinai wiedererrichtet.

185

186

187

189

188. Der Gipfel des Katharinen-Bergs (rechter Gipfel) mit einer Höhe von 2637 Metern, wie er vom Gipfel des Moses-Bergs mit einer Höhe vom 2285 Metern erscheint.

189. Gesamtansicht des Klosters von der Schlucht, die mit 3700 granitenen Stufen auf den Gipfel des Moses-Bergs (Djebel Musa) führt.

188

190. *Einer der vielen heiligen Orte auf dem Horeb, wo viele Asketen im Schatten der Heiligkeit des Gipfels der Zehn Gebote lebten.*

190

191. *Leben inmitten der toten Natur. Ein Abbild des geistigen Lebens, das die Frucht der Abtötung des Egoismus ist.*

191

192

193

192. Mönch vor zerfallener Kapelle in der Oase Pharan.

193. Teil eines Palmenhains in der Oase Pharan etwa 60 km vor dem Katharinen-Kloster.

194. Teil eines Palmenhains des Klosters nahe Raitho (heute El Tor), bei Sonnenuntergang.

194

195. Eingang in einen Teil des Gartens des Klosters in Pharan, mit dem Monogramm A K (für «Aghia Aikaterini», «Heilige Katharina»).

196. Die Kapelle des Propheten Moses im Frauenkloster des Tales von Pharan.

197. Außenansicht der Reste der Basilika in der Oase Pharan, die ins 5./6. Jh. datiert wird.

198. Innenansicht der Ruinen der alten Basilika von Pharan nach der Freilegung von Teilen durch die Archäologen.

199. Ansicht des Gartens des Klosters von Pharan, vom Exonarthex (äußere Vorhalle) der Kapelle des Propheten Moses aus.

195

196

197

198

200

201

202

200. *Fassade der Kirche des Heiligen Georg in der gleichnamigen Niederlassung des Sinai-Klosters im antiken Raitho (heute El Tor), wo noch einige Familien orthodoxer Christen leben, die zum Erzbistum von Sinai gehören.*

201. *Felskapelle im Kalkgestein an der Küste des Roten Meers, beim heutigen Abu Suera nahe El Tor. In dieser Gegend lebten einst Einsiedlermönche.*

202. *Weitere Felskapelle, wohl des Heiligen Demetrios, im Raum von Abu Suera.*

203. *Hl. Johann Prodromo vom Ikonostas der Kirche des Heiligen Georg in Raitho, aus einer russischen Werkstatt.*

203

204. *Das Ikonostas der Kirche des Heiligen Georg in Raitho (El Tor), in jüngerer Zeit in einer russischen Werkstatt angefertigt.*

205. *Die Verbindungstüren des Ikonostas der Kirche des Heiligen Georg in Raitho.*

204

206. Kapelle des Heiligen Johannes des Täufers, an einem der Ausläufer des Berges Horeb.

207. Die Kapelle des Heiligen Kreuzes. Am Ort «Boaba», das heißt «die Türe», wo nach der Überlieferung die Israeliten mit den Amalekitern kämpften (und Moses während des ganzen Kampfes seine Arme hochhielt, gestützt von Aaron und Hur, bis zum Sieg der Kinder Israel) (2. Mose 17, 8-13).

207

208. Kapelle des Propheten Aaron auf einem kleinen Hügel vor dem Tal des Klosters (Wadi el Der), wo nach der Überlieferung das Goldene Kalb aufgestellt war.

209. Innenaufnahme der Kapelle des Propheten Elias auf dem Berg Horeb, wo sich nach der Überlieferung der Prophet vor dem Zorn der Königin Jezabel verbarg und die Ankunft des Herrn als leichten Lufthauch verspürte.

208

209

210. Die alte Doppelkapelle der Propheten Elias und Elisa, an den Ausläufern des Gipfels der Zehn Gebote. Dort befindet sich auch die Höhle, die den Propheten Elias aufnahm, als er vor dem Zorn der Königin Jezabel auf Anweisung Gottes auf den Berg Horeb floh, wo er Gott als «leichten Lufthauch» wahrnahm.

211. Garten und die Kapelle des Heiligen Panteleimon auf dem Berg Horeb, wo viele Einsiedlermönche lebten.

212. Die jüngere Kapelle des Heiligen Johannes Klimax. An diesem Ort lebte im 7. Jh. der Heilige Johannes als Eremit, bevor er Abt des Sinai-Klosters wurde. Er ist der Verfasser des wunderbaren asketischen Werks «Himmelsleiter» («Uranodromos Klimax»), was ihm den Beinamen Johannes «Klimax» eintrug.

213. Die Einsiedelei «Bostani», wo sich ein Garten und die Kapelle der Geburt der Jungfrau Maria befinden. Sie liegt 4 km vom Kloster entfernt, beim Dorf Hagia Aikaterini.

210

211

212

213

214

215

216

214. Brotlaib zur Verwendung als Hostie mit Darstellung der Heiligen Katharina.

215. Brotlaib zur Verwendung als Hostie. Mit einem besonderen Stempel wird auf dem Teig die Darstellung der Muttergottes im Dornbusch mit dem Propheten Moses und der Heiligen Katharina angebracht.

216. Nach dem Kneten und dem Formen kommt der Augenblick, in dem der kleine Laib in den Ofen geschoben wird.

217. Herstellung von Kerzen zur Verwendung im Kloster.

217

218

220

218. Vom gemeinsamen Mahl der Mönche an einem Festtag.

219. Vom Leben der Beduinen im Kloster. Das Feuer ist im Winter ihr unzertrennlicher Freund. Ein alter Mönch wärmt sich am selben Feuer.

220. Mönch beim Versuch, den Klostergarten zu bewässern. Das nur in ganz geringer Menge vorhandene Wasser muß sorgfältig genutzt werden, und das kostet Mühe und Geld.

219

221. Pilgerinschrift im Wadi el Chontra.

222. Nabatäische Inschrift des 4. - 6. Jhs. im Wadi el Muqqatab in der Nähe des Ortes Pharan.

222

223. Inschriften am Ort Chontra (Abb. 227).

224. Pilgerinschriften auf Granitfelsen im Wadi el Chontra.

224

225. Zwischen Sonnenunter- und -aufgang ist das Eisentor des Klosters verschlossen. Die Glocke am Eingang wurde dazu benutzt, die Mönche nach Schliessung des Tors zum Öffnen aufzufordern, freilich nur in Notfällen.

225

226. Frühling auf dem Horeb. Er symbolisiert den ewigen geistigen Frühling im Heiligen Geist, das hauptsächliche Streben und das Ziel der orthodoxen mönchischen Lebensführung.

226

227

227. Teil des Beinhauses des Klosters, Schädel verstorbener Mönche erwarten die Auferstehung der Toten.

228. Der Heilige Stefan von Sinai. Seine Gebeine werden in einem besonderen Reliquien-Kästchen im Beinhaus des Klosters aufbewahrt. Nach einer nachhaltigen sinaitischen Überlieferung ist er derjenige, der im Buch von der «Himmelsleiter» erwähnt wird.

ΙΣ ΧΣ
ΝΙ ΚΑ
Τ Κ
Π Γ

229. Sonnenaufgang über der granitenen Masse des Horeb - für die Einsiedler der Gegend Symbol des Beginns und der Hoffnung des geistigen «Sonnen»aufgangs, des Erscheinens also der Sonne der Gerechtigkeit, Jesu Christi, in den Herzen.

230. Sonnenaufgang vom Kloster aus.

230

231. Nachtaufnahme vom Gästehaus des Klosters inmitten des Gartens. Im Hintergrund die Ebene von «Racha».

232. «Die Himmel rühmen des Ewigen Ehre, ihr Schall pflanzt seinen Namen fort... Wer trägt der Himmel unzählbare Sterne? Wer führt die Sonne aus ihrem Zelt?» (Chr. F. Gellert). Sterne über dem Kloster.

233. Der Wüstensand «umarmt» den Granit. Das Werk der heftigen Winde der Halbinsel Sinai.

234. Altes hölzernes Kreuz an einem heiligen Ort auf dem Horeb, wo Einsiedlermönche lebten, in der Nähe der Zellen des Heiligen Gregor von Sinai.

233

SINAI. LITERATUR IN AUSWAHL

1. K. Amantos, Σιναϊτικά μνημεῖα ἀνέκδοτα.
   («Unpublizierte sinaitische Denkmäler»). Athen 1928.
2. K. Amantos, Σύντομος ἱστορία τῆς Ἱερᾶς Μονῆς τοῦ Σινά.
   («Kurze Geschichte des Sinai-Klosters»). Thessaloniki 1953. Führt die wesentliche Literatur bis 1953 an.
3. W. Bénéchévitch, Monumenta sinaitica archaeologica et palaeographica. Fasciculus I praefationem editoris, bibliographiam sinaiticam, explicationem tabularum continens. Petersburg 1925. Sämtliche Literatur zum Sinai bis 1925.
4. Albert Champdor, Le Mont Sinai et le Monastère de Sainte-Cathérine. Paris, «Albert Guillot» 1963.
5. P. Gregoriades, Ἡ Ἱερά Μονή τοῦ Σινά κατά τήν τοπογραφικήν, ἱστορικήν καί διοικητικήν αὐτῆς ἄποψιν
   («Lage, Geschichte und Verwaltung des Sinai-Klosters»). Jerusalem, Verlag des Allerheiligsten Grabes 1875. (Neuausgabe auf Kosten des Sinai-Klosters durch P.Ph. Christopoulos, Athen 1978).
6. H.G. Forsyth - K. Weitzmann, The Monastery of Saint Catherine at Mount Sinai. The University of Michigan Press 1965.
7. M.I. Manousakas, Ἡ ἐπιτομή τῆς ἱεροκοσμικῆς ἱστορίας τοῦ Νεκταρίου Ἱεροσολύμων καί αἱ πηγαί αὐτῆς
   («Der Auszug aus der weltlichen und Kirchen-Geschichte des Nektarios von Jerusalem und ihre Quellen»). In der Zeitschrift ΚΡΗΤΙΚΑ ΧΡΟΝΙΚΑ 2, 1974.
8. Nektarios, Ἐπιτομή τῆς ἱεροκοσμικῆς ἱστορίας, συγγραφεῖσα παρά τοῦ μακαριωτάτου πρώην Ἱεροσολύμων Πατριάρχου Νεκταρίου τοῦ Κρητός, νεωστί μετατυπωθεῖσα καί μετά πάσης ἐπιμελείας διορθωθεῖσα («Auszug aus der weltlichen und Kirchen-Geschichte»). (Die erste Ausgabe der Schrift fand 1677 statt, die fünfte 1850).
9. P. Usspenskij, Erste Reise auf den Sinai im Jahre 1845. Petersburg 1856 (in russ. Sprache).
10. E. Pantelakis, Ἡ Ἱερά Μονή τοῦ Σινά
    («Das Sinai-Kloster»). 1939.
11. A. Papadopoulos-Kerameus, Συμβολαί εἰς τήν ἱστορίαν τῆς ἀρχιεπισκοπῆς τοῦ ὄρους Σινά
    («Beitrag zur Geschichte des Erzbistums des Berges Sinai»).
    Petersburg 1908.
12. E. Papaioannou, Ἱερά καί βασιλική Μονή τοῦ Θεοβαδίστου ὄρους Σινά
    («Heiliges und königliches Kloster des von Gott betretenen Berges Sinai»). Ausgabe des Heiligen Klosters des von Gott betretenen Berges Sinai 1976.
13. M. Papamichalopoulou, Τό Μοναστήρι τοῦ Σινά
    («Das Sinai-Kloster»). Athen 1932.
14. Περιγραφή Ἱερά τοῦ Ἁγίου καί Θεοβαδίστου ὄρους Σινά, τυπωθεῖσα νῦν πέμπτον διά δαπάνης τῆς Ἱεράς καί βασιλικῆς Μονῆς τοῦ Ἁγίου καί Θεοβαδίστου ὄρους Σινά.
    («Beschreibung des Heiligen und von Gott betretenen Berges Sinai, nun zum fünften Mal gedruckt auf Kosten des Heiligen und königlichen Klosters des Heiligen und von Gott betretenen Berges Sinai, in Venedig, vom Drucker Nikolaos Glykes aus Ioannina, 1817»).

15. Erzbischof Porphyrios II. von Sinai, Σιναϊτικός Συνέκδημος
(«Sinaitischer Reiseführer»). Athen 1925.
16. H. Rabino, Le monastère de Sainte Cathérine du Mont Sinai. Kairo 1938.
17. H. Skrobucha - W.G. Allan, Sinai. London/New York/Toronto 1966.
18. G. und M. Soteriou, Εἰκόνες τῆς Μονῆς Σινά
(«Ikonen des Sinai-Klosters»). Athen, Bd. 1 (Tafeln), 1956; Bd. 2 (Text), 1958.
19. K. Weitzmann, The monastery of St. Catherine at Mount Sinai. The Icons from the 6th to the 10th cent. Band 1. Princeton (New Jersey), Princeton University Press 1976.